AI 피트니스 서비스 디자인

인공지능총서

인공지능 시대입니다. 기계가 인간의 인지를 대신하고, 사물이 인간을 통하지 않고 다른 사물과 직접 커뮤니케이션합니다. 이에 따른 인간 삶과 문명 변화를 정확히 이해 · 예측 · 대응하는 것은 이 시대 우리 모두의 과제입니다. 인공지능총서는 인공지능 기술과 환경의 여러 주제를 10가지 키워드로 정리합니다. 관련 개념과 이론, 학계와 산업계의 쟁점, 우리 일상의 변화를 다룹니다. 인간과 기술의 현재, 미래를 세심히 분석합니다.

일러두기

- 인명, 작품명, 저서명, 개념어 등은 한글과 함께 괄호 안에 해당 국가의 원어를 병기했습니다.
- 외래어 표기는 현행 어문규정의 외래어표기법을 따랐습니다.

처음이세요?

전문가세요?

AI 피트니스 서비스 디자인

이여름

대한민국, 서울, 커뮤니케이션북스, 2025

AI 피트니스 서비스 디자인

지은이 이여름
펴낸이 박영률

초판 1쇄 펴낸날 2025년 6월 13일

커뮤니케이션북스(주)
출판 등록 2007년 8월 17일 제313-2007-000166호
02880 서울시 성북구 성북로 5-11
전화(02) 7474 001, 팩스(02) 736 5047
commbooks@commbooks.com
www.commbooks.com

ISBN 979-11-7307-772-2 03500

책값은 뒤표지에 표시되어 있습니다.

차례

인공지능과 피트니스의 새로운 지평

팬데믹은 전 세계적으로 인간의 활동량을 크게 위축시켰다. 대한민국 질병관리청(2022)에 따르면 팬데믹 직후인 2020년 중등도(中等度) 이상 신체 활동 실천율은 2019년의 24.7%에서 19.8%로 크게 감소했고, 이듬해인 2021년에도 19.7% 수준에 그쳤다.

건강에 대한 우려와 결코 자유롭지 않은 활동은 마침내 언제 어디서나 운동할 수 있는 홈트(바른 영어 표현은 At-home workout 혹은 Home workout) 붐을 일으켰다. 다양한 홈트 서비스들이 모바일 기반으로 각광을 받았고, 인공지능 기술을 활용해 사용자들의 활동량 증진을 도울 수 있는 서비스를 탑재했다. 이들 인공기능 기반 서비스들은 다양한 웨어러블과 IoT(사물인터넷, Internet of Things) 기기들을 활용해 상세한 사용자 건강 데이터를 수집 및 분석할 수 있게 되었고, 이제 인공지능의 다양한 기능은 사용자들의 건강을 증진하는 데 필수 요소로 자리매김했다.

주지하듯, 전 세계적으로 인공지능 시장은 급성장하고 있다. 2023년 현재 전 세계 의료 분야 인공지능 시장의 규모는 192억7천만 달러로 추산되고, 2024년부터 2030년까지 연평균 성장률(CAGR, Compound Annual Growth Rate) 38.5%로 성장할 것으로 예상된다(Grand View Research, 2024). 인공지능의 적용 분야는 광범위하지만, 특히 헬스케어 분야의 인공지능 시장은 두드러진 성장세를 보이고 있다. 이 분야의 성장을 이끄는 주요 요인 중 하나는 건강 관련 분야에서의 효율성, 정확성, 치료 결과 개선에 대한 수요가 꾸준히 증가할 것이라는 예측 때문이다. Microsoft-IDC 연구(2024)에 따르면, 현재 의료 기관의 무려 79%가 인공지능 기술을 활용하고 있고, 이는 의료 영상 분석, 예측 분석, 개인 맞춤형 치료 계획, 신약 개발 등 다양한 분야에서의 혁신적인 잠재력과 기존의 의료 관행을 변화시킬 수 있는 요인 때문에 많은 사랑을 받고 있다. 그러나 인공지능은 의료 분야에서만 각광받고 있는 것은 아니다. 보다 넓은 범위의 건강과 웰니스 분야에서도 인공지능이 적용되어 사용자들에게 맞춤형 운동을 처방하고 있고, 더 건강한 생활 습관을 가질 수 있도록 활용되고 있다. 우리나라의 경우, 지자체 등에서 AI를 활용한 보건 복지 정책을 선제적으로 도입해 시민들의 건강에 일조하고자 하는 움직임을 보이기도 했다.

수많은 사용자들이 활용하고 있는 나이키 트레이닝 클럽(Nike Training Club)은 운동 계획, 워크아웃, 영양 정보를 인공지능을 활용해 제공하고 있다. 사용자 개개인의 운동 목표나 선호, 체력 수준 등을 고려해 맞춤형 운동 프로그램을 제시하는 것은 물론 실시간 피드백을 통해 운동 효과를 극대화할 수 있다. 비슷한 예는 무수하다. 홈 피트니스 시장에서 큰 인기를 끌고 있는 펠러턴 역시 사용자의 운동 이력이나 체력 수준 등을 기반으로 맞춤형 운동 계획을 제시하고, 운동 중 실시간 피드백을 제공한다는 점에서 타 서비스와 비슷한 기능을 가지고 있다. 특히 펠러턴은 특정 시간에 운영하는 라이브 클래스와 온디맨드(On-demand) 클래스가 제공되고, 이를 특정 시간에 실시간으로 활용해야 한다는 점이 맞춤화를 최대화시킨 서비스로 받아들여져 많은 인기를 누리고 있다.

성공적인 인공지능 피트니스 서비스들은 몇 가지 특징을 가지고 있다. 우선 편리하다는 점이다. 모바일을 중요한 접점으로, 모바일 앱, 웨어러블 기기 등 다양한 형태로 언제 어디서나 운동할 수 있는 서비스를 제공한다. 또한 인공지능을 활용한 개인화된 피드백과 프로그램으로 사용자의 신체 상태와 목표에 맞춘 맞춤형 운동 계획과 운동 중 실시간 피드백을 제공한다. 특히 카메라 기능을 활용해 자세 교정 등의 피드백으로 사용자가 효율적으로 운동할 수 있도록 돕는다. 또한 다양한 전략으로 사용자의 피트니스 활동에 지속적인 동기를 부여한다. 피트니스 서비스마다 각각 다른 특색을 가지고 있는데, 성과 기록, 목표 설정, 진행 상황 추적 등 서비스 시스템 내의 분석 과정에서 신뢰를 형성해 사용자의 동기부여에 자극을 주기도 하고, 시스템이 에이전트와 유사한 인간관계를 형성하거나 다른 사용자들과의 연결성을 강화해 외부의 자극을 전달하기도 한다. 이러한 요소들이 결합된 인공지능 피트니스 서비스들은 더 많은 사람들에게 인기를 끌고 있고, 개인의 운동 효율성을 높이면서 지속 가능한 운동 습관을 형성하는 데 중요한 역할을 맡고 있다.

서비스 디자인 그리고 인공지능

서비스 디자인은 사용자 경험을 최적화하고, 서비스 제공자와 사용자 간의 상호작용을 개선하기 위해 서비스 시스템을 계획하고 구성하는 학문이다(Stickdorn & Schneider, 2011). 필자는 공학 기반 서비스 디자인을 연구한다. 이 글은 제목에 밝혔듯, 서비스 디자인적 관점에서 서술한 것이지만, 디자이너만을 위한 책은 아니다. 이 글은 인공지능 기술이 피트니스 서비스와 더 나아가 개인 건강과 공중 보건의 관점에서 우리에게 어떤 영향을 미쳤는지, 그리고 아직 해결되지 않은 사용자들의 니즈는 무엇인지 탐색하고자 한다. 이에 피트니스와 건강에 관심이 있는 독자는 물론 피트니스 산업 관계자, 헬스케어 전문가 및 연구자들에게 인공지능으로 한층 개인 맞춤화되고, 정확해지고, 사회화된 피트니스 서비스의 현황을 알리고자 한다. 서비스 디자인은 단순히 서비스와 외형을 설계하는 그래픽 작업이 아니다. 서비스의 모든 요소를 시스템적으로 분석하고 설계해 사용자와 관련 이해관계자들에게 최적의 가치를 제공하는 과정이다. 우리는 이러한 서비스 디자인적인 사고와 분석을 통해 널리 활용되고 있는 인공지능 피트니스 서비스의 현황을 파악하고, 사용자들이 원하고 있지만 아직 구현되지 않은 인공지능 요소들은 무엇인지 파악해 보고자 한다.

얼마나 기대할 수 있을까?

개인의 건강을 위해 피트니스 서비스를 활용하는 것은 사회 전반에 어떤 영향을 줄 수 있을까? 공중 보건은 개인적인 차원에 그치는 것이 아니다. 피트니스 서비스가 대중화되면 예방의학적인 효과가 확산될 수 있으며, 이는 만성 질환 예방 및 관리 비용 감소는 물론 사회 전체의 생산성 증가 등 긍정적인 사회적 가치를 창출할 가능성이 높아진다.

인공지능은 피트니스 서비스에서 개인별 맞춤형 데이터를 제공함으로써 단순한 운동 계획 이상으로 사용자의 생활 방식을 혁신할 가능성을 열어주고 있다. 개인의 건강 데이터에 기반한 맞춤형 운동 프로그램, 자세 교정, 실시간 피드백, 그리고 지속 가능한 동기부여는 사용자의 건강 행동을 변화시키는 데 중요한 요소다. 이는 긍정적인 확산 효과를 가지며, 사회 전반을 건강하게 만들어 줄 가능성을 갖고 있다.

그렇다면 이러한 기술은 얼마나 많은 사람들에게 지속 가능한 영향을 미칠 수 있을까? 안타깝게도 인공지능 피트니스는 아직 모든 사람들이 동일하게 누릴 수 있는 기술은 아니다. 기술적 인프라와 교육의 격차는 여전히 중요한 과제로 남아 있다. 한국보건사회연구원(2022)의 보고에 따르면, 소득 수준과 연령에 따라 인터넷 이용률에 큰 차이가 있고, 이를 해소하기 위해 공공 기관과 민간 기업이 협력해 디지털 정보화 교육 프로그램을 제공하고, 취약 계층의 디지털 역량을 강화시키기 위한 다양한 노력을 펼치고 있다. 비슷한 맥락에서 디지털 헬스의 접근성과 관련해 개인의 역량을 강화시키기 위한 노력도 있었다. 이에 대해서는 디지털 헬스 리터러시의 영향요인을 중심으로 연구를 진행한 바 있다(최은진 외, 2022).

인공지능 기반 피트니스 서비스가 경제적, 기술적 여건이 부족한 사람들에게도 제공될 수 있도록 하기 위한 장기적인 고민이 필요하다. 또한 개인의 단기적인 건강 효과뿐 아니라 사회의 건강 유지와 상호작용을 촉진하기 위한 기술의 발전 방향과 활용 방식을 지속적으로 점검해야 한다.

팬데믹 이후 대중의 건강에 대한 개념이 유례없이 확고해지면서 보건 의료에 대한 전무후무한 체험이 형성되었고, 이에 디지털 헬스 시스템 구축 및 활용 방향과 정책에 대한 새로운 성찰이 필요하게 되었다. 팬데믹의 여파로 개인의 건강관리를 위한 다양한 정책들이 마련되기는 했지만, 무료 사용이나 보조금 지원이 종료되어

디지털 헬스가 중단되거나 건강관리 활동도 지속되지 못하는 일이 발생했다.

인공지능을 통한 개인화된 디지털 헬스 서비스가 사용자들에게 지속 가능한 동기부여를 제공하고, 나아가 커뮤니티 기반의 건강 증진 활동으로 확산될 수 있음은 자명하다. 우리는 이 효과를 단기적이 아닌 장기적으로, 일부의 사용자들이 아닌 다수의 사용자들이 대중적으로 활용할 수 있는 방법으로 공중 보건 구조를 만들어야 한다. 그 출발점의 하나로, 개인이 활용할 수 있는 피트니스 서비스를 사용자의 니즈에 맞게 고도화하는 것이 필요하다.

우리는 피트니스 서비스와 인공지능 기술의 융합이 개인의 삶뿐 아니라 사회 전체를 건강하게 만드는 데 중요한 기여를 할 수 있다고 생각한다. 사용자의 건강 데이터를 기반으로 한 서비스는 개인화된 솔루션을 제공하는 동시에 사회적 상호작용을 강화해 건강한 공동체를 형성하는 데 도움을 줄 수 있다. 우리는 이 기술과 서비스가 지속적으로 발전하고 확산된다면, 더 건강하고 생산적인 사회를 만들어 갈 수 있을 것이라고 본다. 말하자면, 인공지능 기반 피트니스 서비스는 단순한 운동 보조 기술의 차원이 아닌 개인과 사회를 위한 하나의 종합적인 건강 솔루션으로 발전할 가능성을 담고 있다고 할 수 있다. 궁극적으로는 기술과 인간의 조화, 사회적 형평성의 확보, 장기적이고 범사회적인 건강 목표의 설계가 지속적으로 추진되어야 하는 이유다.

얼마나 믿을 수 있을까?

우리는 매번 새로운 인공지능을 접하고 있고, 이를 사용하는 것에 익숙해지고 있다. 인공지능 피트니스 서비스는 사용자의 건강 데이터를 수집 분석하고, 이를 바탕으로 맞춤형 솔루션을 제공한다는 점에서 높은 신뢰성이 요구된다. 사용자는 이러한 기술의 신뢰성과 윤리성에 우려를 갖고 있다. 일례로, 데이터 보안 문제가 발생했을 때, 개인의 민감한 건강 정보가 유출될 가능성이 있고, 또한 인공지능이 제공하는 운동 프로그램이나 건강 조언이 모든 사용자에게 적합하지 않을 수도 있다. 실제로 2021년 6월 부적절하게 구성된 제3자 데이터베이스로 인해 핏비트(Fitbit), 애플(Apple), 마이크로소프트(Microsoft), 구글(Google) 등의 피트니스 트래킹 데이터 약 6천만 건이 노출된 사건이 있었다. 이 데이터에는 피트니스 데이터 외에도 GPS 로그나 사용자의 이름 등이 포함되어 있었고, 잘못된 데이터베이스 구성으로 암

호화나 접근 제어 없이 온라인상에서 접근할 수 있었다. 다행히 해당 웨어러블 장치의 직접적인 침해는 없었지만 의료 기록 및 건강 정보는 신원이 도용될 수 있고, 민감 정보에 대한 악용의 소지도 높다. 이 사건은 제삼자 서비스와의 연동 시 데이터 보안의 중요성을 부각시켰다(Ikeda, 2021).

사용자는 인공지능이 제공하는 사용자 맞춤형 제안을 얻기 위해 자신의 개인정보를 시스템에 학습시켜야 한다. 초기에는 사용자의 정보가 없기 때문에 일반적인 레이블링으로 구별해 놓은 데이터에서 확률적으로 선택된 초기 값을 제안 받는다. 이후 사용자의 데이터를 학습하고, 취향 등의 맥락적인 정보도 학습하게 된다. 아직 완벽한 지능의 수준이 아니기 때문에 맥락의 반영은 여러 변수가 복잡하게 얽혀 있고, 사용자와 시스템의 신뢰 구축은 어려운 문제다. 사용자의 신뢰를 얻기 위해서는 투명하고 이해하기 쉬운 데이터 사용 정책과 기술적 오류를 최소화한 알고리즘을 개발할 필요가 있다. 예측 불가능한 상황에 대한 대응 능력의 강화와 사용자에게 제공하는 피드백의 정확성과 신뢰성을 높이는 것도 중요하다. 이를 바탕으로, 인공지능 피트니스 서비스는 단순한 도구를 넘어 사용자의 건강관리 여정에 충실한 동반자 역할을 수행할 수 있을 것이다.

AI 피트니스 서비스 디자인

AI 피트니스 서비스 디자인은 단순히 운동을 돕는 기술이 아니다. 이 기술에는 개인화된 피트니스 외에도 건강 관련 새로운 경험의 제공, 사회적 상호작용의 촉진, 사용자와 시스템의 신뢰를 구축하기 위한 포괄적인 접근이 필요하다. 우리는 이 글에서 이 분야의 이해관계자에 대한 논의는 물론, 오랜 시간의 서비스 경험에서 나온 다양한 기술적 요소들과 전체적인 사용자 여정, 그리고 여기에 활용된 기술 현황과 사용자의 기대치 사이의 간극 등에 대해 서비스 디자인적 관점에서 이야기를 풀어 보고자 한다.

디자인적 관점은 현재의 문제점을 발견하고 이를 해결하는 방법이다. 우리는 다양한 방법론 중에서도 사례 연구와 심층 인터뷰 등 정성적인 방법론을 통해 사용자들이 실제 경험하고 있는 현행 서비스들의 문제점을 파악하고, 이를 해결할 창의적이고 실용적인 해결 방안을 제안하고자 한다. 서비스 디자인의 중심은 사용자다. 사용자의 필요와 기대를 중심으로 서비스와 솔루션을 설계하면 만족도를 높일 수 있다. 아울러 서비스 제공자,

정부 관계자 등 다양한 이해관계자들의 의견과 인문학적 접근을 적용하면 균형 잡힌 서비스를 제공할 수 있다. 서비스 디자인적 관점은 급변하는 시장 환경과 사용자 요구에 대응한 지속 가능하고 유연한 서비스를 설계하는 데 적절한 대안이 될 것이다.

참고문헌

질병관리청(2022.4). 코로나19 유행 후 신체활동, 정신건강, 주요 만성 질환 악화.
https://www.kdca.go.kr/board/board.es?mid=a20501050000&bid=0015&list_no=719398&cg_code=&act=view&nPage=149&newsField=5

최은진 외(2022). 『디지털 헬스 접근성 향상을 위한 개인역량강화모델연구』. 한국보건사회연구원.

Grand View Research(2024). AI in healthcare market size, share & trends analysis report by component(hardware, services), by application, by end-use, by technology, by region, and segment forecasts, 2025-2030".
https://www.grandviewresearch.com/industry-analysis/artificial-intelligence-ai-healthcare-market

Ikeda, S.(2021.9.21). Mass leak of fitness tracking data hits Fitbit, Apple, Microsoft, Google; 60 million records exposed by improperly configured third-party database. CPO Magazine.
https://www.cpomagazine.com/cyber-security/mass-leak-of-fitness-tracking-data-hits-fitbit-apple-microsoft-go

ogle-60-million-records-exposed-by-improperly-configured-third-party-database/

Microsoft-IDC(2024.3.11). Microsoft makes the promise of AI in healthcare real through new collaborations with healthcare organizations and partners. Microsoft Blog. https://blogs.microsoft.com/blog/2024/03/11/microsoft-makes-the-promise-of-ai-in-healthcare-real-through-new-collaborations-with-healthcare-organizations-and-partners/#_edn2

Stickdorn, M. & Schneider, J.(2011). *This is service design thinking*. John Wiley & Sons.

01
건강과 피트니스

현대 사회에서 건강과 피트니스는 개인의 건강관리 차원을 넘어 공중 보건 차원의 중요 요소로 자리 잡고 있다. 이제 건강은 질병이 없는 상태만이 아닌 신체적, 정신적, 사회적 안녕을 모두 포괄하는 개념으로 확장되었다. 건강과 피트니스는 공중 보건 관점에서 밀접하게 연결된다. 건강 행동 변화 이론에 기반해 피트니스를 해석하면 이는 개인의 건강 증진뿐 아니라 공동체와 인구의 건강 향상을 위한 중요한 전략임을 알 수 있다.

AI와 1인 창업?

팬데믹 이후 건강과 피트니스

팬데믹은 인류의 건강과 생활 방식에 큰 영향을 미쳤다. 특히 건강 분야의 인식과 개념을 바꾼 일대 사건이었다. 팬데믹은 개인의 면역력과 전반적인 건강 상태가 전염병 예방에 얼마나 중요한지, 건강이 단순히 질병이 없는 상태가 아닌 질병을 예방하고 관리하는 개인과 사회의 주도적, 능동적 과정임을 인식하는 계기가 되었다.

피트니스에 대한 접근 방식도 크게 두 가지 측면에서 변화했다. 첫 번째로, 대면으로 이뤄졌던 기존의 피트니스가 디지털을 활용한 비대면 피트니스로 급변했다. 팬데믹 기간 동안 체육관과 운동 시설이 폐쇄되면서 사람들이 집에서 할 수 있는 운동에 관심을 가지게 되었다. 팬데믹으로 인한 자택 격리로 모든 수준의 신체 활동이 감소하고, 매일 앉아 있는 비활동 시간이 약 28% 증가했다(Ammar et al., 2021; De Oliveira Neto et al., 2020). 급격한 신체 활동 변화는 모든 개인에게 영향을 미쳤고, 사회적 거리두기나 폐쇄(Lockdown) 이전에 정기적으로 피트니스 활동을 하던 사람들에게는 더 큰 영향을 미쳤다.

이에 사람들은 비대면 상황에서도 신체 활동을 할 수 있는 피트니스 서비스들에 큰 관심을 갖기 시작했다. 나이키의 경우, 팬데믹 이전부터 꾸준한 사용자 층을 확보해 왔던 나이키 트레이닝 클럽 애플리케이션의 프리미엄 버전을 구독 형태로 출시해 큰 관심을 받았고 (Thomas, 2020.3), 사이클링 피트니스 서비스를 제공하는 펠러턴의 경우, 팬데믹 이후 홈 피트니스 산업의 급격한 발전으로 2020년 1분기 매출이 172% 급증하는 등 (Valinsky, 2020.9) 비대면 피트니스 서비스 분야가 크게 발전했다.

다양한 피트니스 서비스 중에서도 모바일 애플리케이션으로 다양한 운동 VOD를 소비하거나 트레이너들의 영상을 보면서 운동을 따라 할 수 있는 서비스들이 많은 인기를 끌었다. 모바일 애플리케이션을 이용한 헬스 서비스들은 특히 인공지능(Artificial Intelligence, 이하 AI) 기술을 적용해 사용자들의 개인 피트니스 관련 데이터를 학습하고, 맞춤화된 체계적인 피드백을 제공하는 등의 기능을 선보이며 팬데믹 이후 새로운 비즈니스로 자리매김했다(Wang et al., 2019; Parker et al., 2021; Tompson, 2021).

두 번째로, 피트니스의 개념이 확장되었다. 팬데믹 이전에는 피트니스가 주로 체형 관리나 체중 감소 등에 중점을 두었다면, 팬데믹 이후에는 '코로나 블루' 등의 현상으로 정신 건강관리의 중요성이 부각되었다. 팬데믹으로 인한 격리와 사회적 거리두기로 개인의 불안, 우울증, 고립감 등 정신적 문제가 증가했고, 이에 정신 건강을 관리하는 도구로 피트니스를 많이 활용되게 되었다. 고강도 러닝 등을 피트니스로 여기던 좁은 개념의 피트니스가 아니라 요가, 산책 같은 저강도 운동과 명상 역시 스트레스와 불안을 완화할 수 있는 방법으로 주목받으면서 신체적, 정신적 건강을 모두 아우르는 피크니스 개념으로 확장되었다.

전 세계로 확산된 팬데믹은 건강의 의미와 피트니스에 대한 인식을 크게 바꾸어 놓았다. 개인과 사회는 건강을 유지하고 증진하기 위한 체계적이고 포괄적인 접근을 요구하게 되었다. 피트니스는 이 과정에서 중요한 축으로 자리매김하게 되었다.

공중 보건의 건강과 피트니스

공중 보건에서 건강과 피트니스는 밀접한 관계로, 피트니스는 신체적, 정신적, 사회적 건강을 증진하는 중요한 수단이다.

질병의 예방과 관리

피트니스 활동은 비만, 당뇨병, 심혈관질환 등의 만성 질환을 예방하고 관리하는 데 중요한 역할을 한다. 이들 질환은 주요 사망 원인 중 하나로, 예방이 매우 중요한다. 예방의학에서는 규칙적인 신체 활동이 만성 질환 발생을 낮출 수 있다는 여러 연구 결과(Nelson et al., 2007; Haskell et al., 2009; Kokkinos and Myers, 2010), 피트니스가 건강 증진의 중요한 요소이며, 이에 대한 구체적인 활용법이 제시되기도 했다. 공중 보건에서 피트니스가 질병 예방과 건강 증진의 핵심 도구로서 기능한다는 것을 의미하는 연구들이다.

정신 건강 증진

공중 보건은 신체 건강만큼 정신 건강도 중요하게 다루고 있고, 피트니스는 정신적 웰빙을 증진시키는 도구로 활용된다. Hardman & Stensel(2009)은 피트니스가 스트레스 해소와 정신적 건강에 미치는 긍정적인 효과를 과학적으로 밝혀냈다. 특히, '코로나 블루' 같은 팬데믹의 심리적 영향을 잠재적으로 완화시킬 수 있는 피트니스의 효과에 대해 최근 많은 연구들이 행해졌다. 초등학생을 대상으로 한 한 연구에 따르면 팬데믹으로 인해 체력 저하에도 불구하고 빠르게 전반적인 체력 점수가 크게 향상했는데 그 이유는 팬데믹 기간 동안 온라인 건강 교육과 줄넘기 캠페인을 통한 피트니스 실행이 긍정적인 영향을 미친 것으로 밝혀졌다(Wei et al., 2022).

사회적 건강과 공동체 강화

공동체 중심의 피트니스 프로그램은 사회적 유대감을 강화하고, 개인과 공동체의 건강을 모두 향상시킬 수 있는 효과를 가지고 있다(Green et al, 2015). 이는 건강 행동 변화에서 사회적인 상호작용이 긍정적인 영향을 주기 때문이다(Lee & Lim, 2015). 흥미롭게도 피트니스 환경에서는 개인들끼리 사회적인 상호작용을 주고받을 수 있지만, AI 에이전트도 인간과 유사하게 사용자에게 긍정적인 영향을 주는 것으로 나타났다(Lee, 2022).

행동 변화 이론과 피트니스

건강 증진은 기본적인 질병 예방법으로서 건강한 행동을 유지하고, 해로운 행동을 변화시키는 데 중요한 역할을 한다. 건강 행동 변화는 긴 과정으로, 이를 행동 변화 단계(The Stages of Change)라고 한다.

Prochaska & Velicer(1997)는 행동 변화 단계의 이론

적 모델을 제시했다. 변화 단계는 행동을 변화시키려는 일련의 단계를 거치며, 변화의 과정을 잘 통과하면 변화를 촉진할 수 있고, 퇴행 등 변화 전 단계(문제가 되는 행동 등)의 재발을 방지할 수 있다. 일반적으로 이 단계는 일률적인 과정이 아닌 재발과 변화 과정을 반복한다.

행동 변화는 사전 숙고(Pre-contemplation), 숙고(Contemplation), 준비(Preparation), 실행Action), 유지(Maintenance)의 다섯 단계로 구성된다. 개인은 각 단계를 차례대로 겪기도 하지만 재발 등 이전 단계로 회귀하기도 한다.

피트니스는 개인별 행동 변화의 수준에 따라 효과적으로 제공되어야 하며, 이를 위한 전략이 필요하다.

참고문헌

Ammar, A. et al.(2021). Effects of home confinement on mental health and lifestyle behaviours during the COVID-19 outbreak: insights from the ECLB-COVID19 multicentre study. *Biology of sport*, 38(1), pp.9-21. https://doi.org/10.5114/biolsport.2020.96857

De Oliveira Neto, L. et al.(2020). #TrainingInHome - Home-based training during COVID-19 (SARS-COV2) pandemic: physical exercise and behavior based approach. *Revista brasileira de fisiologia do exercicio*, 19(2), pp.9-19.

Green, J. et al.(2015). *Health promotion: planning & strategies*(3rd ed.). Sage.

Hardman, A. E. & Stensel, D. J.(2009). *Physical activity and health: The evidence explained*(2nd ed.). Routledge. https://doi.org/10.4324/9780203890714

Haskell, W. L. et al.(2009). Physical activity: Health outcomes and importance for public health policy. *Preventive medicine*, 49(4), pp.280–282. https://doi.org/10.1016/j.ypmed.2009.05.002

Kokkinos, P. & Myers, J.(2010). Physical activity: Clinical outcomes and applications. *Circulation*, 122, pp.1637–1648. https://doi.org/10.1161/CIRCULATIONAHA.110.948349

Lee, Y. & Lim, Y.(2015). Understanding the roles and influences of mediators from multiple social channels for health behavior change. *Proceedings of the 18th ACM conference on computer supported cooperative work & social computing(CSCW '15)*, pp.1070–1079. https://doi.org/10.1145/2675133.2685032

Lee, Y.(2022). Designing AI agent's social interaction quality in AI–based fitness services as a mediator. *Archives of design research*, 35(3), pp.145–157.

Nelson, M. E. et al.(2007). Physical activity and public health in older adults: recommendation from the American college of sports medicine and the american heart association. *Circulation*, 116(9), pp.1094–1105.

Parker, K. et al.(2021). The use of digital platforms for adults' and adolescents' physical activity during the COVID–19 pandemic (Our life at home): Survey Study. *J Med Internet Res*, 23(2). doi: 10.2196/23389

Prochaska, J. O. & Velicer, W. F.(1997). The transtheoretical model of health behavior change. *American journal of health promotion: AJHP*, 12(1), pp.38–48. https://doi.org/10.4278/0890-1171-12.1.38

Thomas, L.(2020.3.27). Nike learned a lesson in China: Some want to sweat away their coronavirus stress. CNBC. https://www.cnbc.com/2020/03/27/coronavirus-nike-gets-more-exercise-app-users-and-its-driving-online-sales.html

Tompson, W.(2021). Worldwide survey of fitness trend for 2021. *ACSM's Health & Fitness Journal*, 25(1), pp.10–19.

Valinsky, J.(2020.9.11). Peloton sales surge 172% as pandemic bolsters home fitness industry. CNN Business. https://edition.cnn.com/2020/09/11/business/peloton-stock-earnings/index.html

Wang, J. et al.(2019). AI coach: Deep human pose estimation and analysis for personalized athletic training assistance. *MM '19: Proceedings of the 27th ACM International Conference on Multimedia*, pp.374–382. https://doi.org/10.1145/3343031.3350910

Wei, H. et al.(2022). Physical fitness of chinese primary school students across the coronavirus(COVID-19) outbreak: A retrospective repeated cross-sectional study. *International Journal of Environmental Research and Public Health*, 19(13). doi: 10.3390/ijerph19137870

02
피트니스 서비스 기술

많은 사람들이 체험했듯 의미 있는 건강 변화를 이루려면 많은 노력이 필요하다. 개인적인 동기로 건강 변화를 도모하는 것은 효과는 크지만 지속적인 동기부여가 어렵다. 많은 사람들이 건강 변화에 긍정적인 영향을 받기 위해 외부 동기를 활용하고, 그중 효과적인 것은 타인을 개입시키는 것이다. 이처럼 건강 행동 변화는 개인 수준, 대인 관계 수준, 그리고 지역 사회 및 정책 수준에서 일어나기도 한다.

AI와 MBTI?

건강 행동 변화의 생태학적 모델

행동 변화, 특히 건강 행동 변화에서 널리 활용되는 생태학적 모델(The Ecological Model)은 인간의 행동이 다양한 수준의 요인들에 의해 결정된다는 접근 방식이다. 이 모델은 건강 행동을 개인의 특성뿐만 아니라 그 개인이 속한 물리적, 사회적, 정책적 환경에 영향 받는 다차원적 현상으로 해석한다. 말하자면, 개인이 건강 행동을 변화시키기 위해서는 개인 수준뿐만 아니라, 가족이나 친구 등 주변인들과의 대인 관계 수준, 그리고 지역 사회 및 정책 수준에서 모두 영향을 받는다는 것이다. 건강 행동 변화에 대한 대부분의 연구들은 개인 수준에서 건강 행동의 결정 요인을 찾지만, 이 모델은 인간 행동을 설명하기 위한 것이므로 사회 인지 이론, 조직 이론, 행동 선택 이론 등 다양한 이론을 결합함으로써 행동 변화를 야기하기 위한 개입 전략을 정교하게 설계할 수 있다(Rimer & Glanz, 2005).

개인 수준

생태학적 모델의 첫 번째 수준인 개인 수준은 건강 증진 실무에서 가장 기본적인 수준으로, 개인의 행동을 설명하고, 영향 요인을 설명한다. 많은 의료 종사자들은 대부분의 업무 시간을 상담이나 환자 교육 같은 일대일 활동에 소비하며, 개인이 건강 교육 자료의 주요 대상인 경우가 많다. 개인행동은 집단행동의 기본 단위다. 달리 말하자면, 개인은 집단에 참여하고, 조직을 관리하며, 정책에 영향을 줄 수 있다. 따라서 지역 사회 및 정책 수준에서의 효과를 얻기 위해 기본적으로 개인 수준의 영향을 생각해야 한다.

개인 수준의 행동 변화 요인에는 개인의 지식, 태도, 신념, 동기, 자아 개념, 발달 이력, 과거 경험, 기술 등이 포함된다.

대인 관계 수준

개인은 그를 둘러싼 사람들의 의견, 생각, 행동, 조언, 지원 등 대인 관계의 영향을 받는다. 대인 관계 수준은 누구로부터 영향을 받는지에 대한 중재자(Mediator)의 역할이 중요하고, 여기에는 사회적 상호작용을 주고받는 가족, 친구, 직장 동료뿐만 아니라 트레이너, 의료 전문가 등도 포함된다. 또한 소셜 미디어에 올린 건강 행동 포스트에 영향을 주는 인플루언서, 소셜 미디어 친구 및 지인, 그리고 다양한 운동 애플리케이션에서 대인 관계의 역할을 독려하는 AI 에이전트까지 포함된다(Lee &

Lim, 2015).

대인 관계 수준에서의 건강 행동 변화 연구는 다양한 사회 및 심리 이론이 관련되며, 사람과 환경의 상호작용과 건강 행동의 심리 사회적 결정 요인을 탐구한다.

지역 사회 및 정책 수준

공중 보건 접근법의 핵심은 지역 사회와 전 인류를 위한 질병 예방과 통제다. 지역 사회 및 정책 수준 모델은 사회 시스템이 어떻게 기능하고 변화하는지, 지역 사회 구성원과 조직은 어떻게 개인의 건강 행동과 건강한 사회를 위해 동원될 수 있는지를 탐구한다. 결국 이 수준에서는 의료 기관은 물론이고 학교, 직장, 커뮤니티 그룹, 정부 등 다양한 환경에서 적용할 수 있는 전략을 제공하는 것을 목표로 한다.

지역 사회는 일반적으로 지리적 개념으로 이해되었지만 관심 커뮤니티에 속해 있거나 인터넷의 등장 이후 다양한 비지리적 커뮤니티가 출현했다. 인종적, 문화적으로 다양한 커뮤니티의 건강 문제를 다룰 때에는 각 커뮤니티의 고유한 특성을 파악하는 것이 중요하다.

지역 사회는 건강 증진 프로그램을 진행하기도 한다. 조직과 정책적 지원이나 개인 수준의 건강 행동 변화도 지원한다. 예를 들어, 흡연 예방 및 금연 프로그램은 개인 수준의 건강 문제로서 흡연 문제의 우선순위를 높이는 교육도 실행하지만 흡연에 대한 법적, 경제적 규제 강화와 사회적 규범을 강화하기도 한다. 이러한 다단계적 접근 방식을 통해 효과적인 건강 행동 변화를 이루기 위해 노력한다.

건강 행동 변화를 위한 시스템

운동을 하지 않았던 사람이 스마트워치에서 자신의 걸음수를 기록하면서부터 운동을 시작했다거나, 식사 등 생활 습관을 개선하기 위해 모바일 서비스를 활용하는 것은 이제 흔한 모습이다. Fogg에 따르면 컴퓨팅 기술은 도구, 매개체, 그리고 사회적 행위자로서 사람들의 태도와 행동을 변화시킨다(2003). 컴퓨팅 시스템과 사용자의 상호작용을 연구하는 인간 컴퓨터 상호작용(Human Computer Interaction, 이하 HCI)은 행동 변화 영역에 대한 관심이 높아지면서 사람들의 행동 변화를 돕는 행동 변화 지원 시스템이 등장했다(Oinas-Kukkonen, 2010). 이는 강압적인 방법이나 속임수를 사용하지 않고, 태도, 행동, 행위를 바꿀 수 있도록 설계된 정보 시스템이다. 사람들의 필요와 목표를 강조하며, 행동 변화는 오래 지속되어야 하는 과정이기에 시스템이 사용자의 삶에 녹아들어야 한다는 점을 중요하게 여기는 학문 분야다.

이들 행동 변화 지원 시스템은 사용자의 행동 변화 달성을 위해 개인적인 차원을 활용하느냐 사회적인 차원을 활용하느냐에 따라 분류된다(Ploderer et al., 2014).

개인 차원에서의 행동 변화 지원 시스템

개인 차원에서는 사용자 스스로 자신의 건강 행동을 반성할 정확한 정보를 전달하는 것이 중요하다. HCI는 센싱 정확도 같은 기술적 개선과 활동 데이터 수집, 사용 및 시각화 방법에 대한 연구 같은 자가 모니터링 방법에 초점을 맞추고 있다(Choe et al., 2014; Fan et al., 2012).

건강 행동 변화 지원 시스템을 통해 개인에게 성찰을 제공하는 방식은 즉각적인 성찰 방식과 해석적 성찰 방식으로 나뉠 수 있다. 센싱 기술의 발전과 즉각적인 분석으로 적절한 순간에 건강 관련 정보를 제공하는 것은 사용자에게 미치는 영향력이 매우 크다. 예를 들어, 피트니스 트래커나 스마트워치 같은 웨어러블 활동량 측정기는 사용자에게 현재 운동량 같은 건강 관련 상태를 즉시 제공한다. 이러한 즉각적인 반영 방식은 접근성이 용이하고 건강 관련 상태를 직관적으로 해석할 수 있다는 장점이 있다. 그 결과, 정량화된 자기 움직임(Quantified Self)에 높은 관심이 집중되고 있다.

사회적 차원에서의 행동 변화 지원 시스템

대인 관계 수준과 지역 사회 및 정책 수준을 포함하는 사회적 차원에서는 사용자와 컴퓨터 매개 시스템이 사용자의 행동을 유도하는 방식에 따라 다양한 전략을 적용할 수 있다. 앞서 설명했던 생태학적 모델에 따라 대인 관계 수준과 지역 사회 및 정책 수준을 포함한다.

대인 관계 수준에서의 예시는 주변에서 흔히 볼 수 있는 건강 애플리케이션의 경쟁 요소를 떠올려 볼 수 있다. 그러나 경우에 따라 경쟁은 지속적인 건강 행동 변화를 지원하지 않을 수 있기 때문에 더욱 풍부한 사회적인 상호작용을 통해 대인 관계 수준에서의 전략을 풍부화 해야 한다.

저소득층 가구의 커뮤니티 구성원들을 위한 건강 행동 변화 지원 시스템의 예시인 모자이크(Community Mosaic)는 커뮤니티에서 공개적으로 누구나 접속 할 수 있는 플랫폼인 모자이크를 시스템과 사용자의 접점(터치포인트)으로 활용했다. 개별 사용자가 건강한 식습관에 대한 아이디어를 다른 커뮤니티 구성원들과 공유함으로써 건강 행동 변화를 촉진하는 활동을 촉진할 수 있었다(Parker et al., 2012). 이와 같이 지역 사회 수준에서 집단적인 건강 행동 변화 지원 시스템을 설계할 때는 건강 행동을 위한 개인의 노력과 지역 사회 이해관계자 간의 사회적 상호작용과 함께 여러 수준의 고려 사항(예: 규제, 정책)을 마련해야 한다.

참고문헌

Choe, E. K. et al.(2014). Understanding quantified-selfers' practices in collecting and exploring personal data. *Proceedings of the 32nd Annual ACM Conference on Human Factors in Computing Systems*, pp.1143-1152. http://doi.org/10.1145/2556288.2557372

Fan, C. et al.(2012). A spark of activity: Exploring informative art as visualization for physical activity. *Proceedings of the 2012 ACM Conference on Ubiquitous Computing*, pp.81-84. https://doi.org/10.1145/2370216.2370229

Fogg, B. J.(2003). *Persuasive technology: Using computers to change what we think and do*. Morgan Kaufmann.

Lee, Y. & Lim, Y.(2015). Understanding the roles and influences of mediators from multiple social channels for health behavior change. *Proceedings of the 18th ACM Conference on Computer Supported Cooperative Work & Social Computing(CSCW '15)*, pp.1070-1079.

https://doi.org/10.1145/2675133.2685032

McLeroy, K. R. et al.(1988). An ecological perspective on health promotion programs. *Health education & behavior*, 15(4), pp.351–377.

Oinas–Kukkonen, H.(2010). Behavior change support systems: A research model and agenda. *Proceedings of the 5th international conference on persuasive technology (Persuasive '10)*, pp.4–14. http://doi.org/10.1007/978-3-642-13226-1_3

Parker, A. et al.(2012). Health promotion as activism: Building community capacity to effect social change. *Proceedings of the 2012 ACM annual conference on human factors in computing systems – CHI '12*, pp.99–108. http://doi.org/10.1145/2207676.2207692

Ploderer, B. et al.(2014). Social interaction and reflection for behaviour change. *Personal and Ubiquitous Computing*, 18(7), pp.1667–1676. http://doi.org/10.1007/s00779-014-0779-y

Rimer, B. K. & Glanz, K.(2005). *Theory at a glance: A guide for health promotion practice*. US department of health and human services, National institutes of health, National cancer institute.

03
인공지능과 피트니스 서비스

건강 행동 변화 지원 시스템은 다양한 전략을 구사하면서 그에 필요한 효과적인 기술을 도입했다. 최근 인공지능을 활용한 건강 행동 변화 지원 시스템이 널리 쓰이고 있고, 피트니스 분야에서도 인공지능 코치 등이 활용되고 있다. 건강 행동 변화 지원 시스템은 인공지능을 활용해 사용자에게 맞춤형 개입을 할 수 있고, 사용자의 운동 및 건강 데이터를 분석하고 사회적 상호작용을 제공하는 등 사용자에게 지속적인 동기를 부여해 습관 형성을 지원한다.

AI와 난임 극복?

인공지능과 건강

인공지능의 출현은 피트니스 분야를 포함해 의료 및 건강 관련 분야 전반을 크게 변화시켰다. 인공지능으로 방대한 데이터를 분석해 예측 모델링을 하며, 복잡한 과정을 자동화함으로써 개인화된 치료를 제공하는 등 다양한 방식으로 건강관리 전반을 혁신하고 있다.

인공지능 알고리즘은 방대한 의료 데이터를 빠르게 처리하면서 패턴을 분석해 정확한 진단을 제공할 수 있다. 딥 러닝 기반 이미지 분석 기술 등의 인공지능은 환자의 질병을 조기에 발견할 수 있고(Esteva, 2017), 환자의 개인정보와 유전자 데이터를 결합해 약효를 극대화하고 부작용을 최소화하는 맞춤형 치료 계획을 제안할 수 있다(Topol, 2019).

질병 데이터뿐 아니라 개인의 병력과 다수의 환자 데이터를 기반으로 한다면 수많은 환자를 관리해야 하는 의료 종사자 입장에서도 인공지능을 활용해 얻는 이득이 있다. 병원 행정 절차를 자동화 하거나 원격 진료를 강화해 환자와 의료진 간의 인터랙션을 증진해 의료 접근성을 높일 수 있고, 일정 최적화 등 환자 관리 운영을 간소화할 수 있도록 도울 수 있다.

더 나아가 공중 보건 데이터 분석을 통해 전염병 확산

경로 등을 추적하거나 예방 캠페인을 기획하는 등 사회적 수준에서도 인공지능을 유용하게 활용할 수 있게 되었다(Sarantopoulos et al., 2024).

건강 행동 변화 지원 시스템에서의 인공지능의 역할

건강 분야는 질병 치료가 목적인 의료 분야와 질병 예방이 목적인 보건 분야로 나눌 수 있다. 건강 행동 변화 지원 시스템은 보건 분야에서 활용된다고 볼 수 있다.

인공지능은 건강 행동 변화 지원 시스템에 개인화된 설계가 가능함으로써 사용자에게 지속적인 동기 부여와 행동 변화를 촉진하는 중요한 역할을 한다.

건강 관련 데이터 기반 맞춤형 개입

스마트폰, 웨어러블 디바이스인 스마트워치, IoT 센서 등은 사용자의 생활 행동 데이터를 수집해 다양한 건강 관련 데이터를 분석하고, 개인화된 행동 변화 전략을 설계 및 제안할 수 있다는 점에서 인공지능은 사용자의 건강 행동 변화에 긍정적인 영향을 줄 수 있다. 애플 헬스의 경우, 사용자의 운동량(걸음 수), 심박수, 수면 데이터 등을 수집해 이를 시각화해 피드백을 주고 건강 목표를 제안한다.

동기 부여 및 습관 형성 지원

인공지능은 오래전부터 존재했던 개념이지만 2022년 11월 오픈AI(OpenAI)가 GPT-3.5를 기반으로 하는 챗지피티(ChatGPT)를 출시하면서 채팅형 인터페이스의 등장으로 비전문가도 인공지능 기술을 쉽게 체험할 수 있게 되었고, 대중도 인공지능에 지대한 관심을 갖게 되었다.

채팅형 인터페이스의 특징은 "사람과 채팅을 하고 있는 듯한" 가상의 대상을 설정함으로써 인공지능을 나와는 다른 하나의 객체로 생각하게 된다. 이는 인공지능 등의 컴퓨팅 기술이 사회적인 객체의 역할을 할 수 있다는 Fogg의 주장과 공명한다(1999). 비슷한 예로 가상 비서 시리(Siri), 알렉사(Alexa), 빅스비(Bixby)는 대중들에게 단순한 음성 명령 프롬프터 이상으로 인식될 수 있고, 감정적 영향을 유발할 수 있다. 이러한 맥락에서 인공지능은 사용자에게 동기 부여를 제공하고, 습관 형성에 도움을 줄 수 있다.

예를 들어, 사용자에게 음성으로 피드백을 줄 수 있는 인공지능 코치가 사용자의 목표 성취를 칭찬하고 제안하는 것이 사용자들의 운동 지속에 영향을 줄 수 있다

(Lee & Lim, 2015).

커뮤니티 및 소셜 네트워킹

인공지능을 활용하면 사용자와 비슷한 연령, 신체, 관심사에 따라 다른 사용자들과 연대를 형성할 수 있고, 커뮤니티를 형성해 다른 사용자들과 상호작용할 수 있다. 예를 들어 삼성헬스의 경우, 투게더 기능을 활용해 사용자의 지인, 비슷한 목표의 사용자, 아이디 초대 등을 통해 공동의 목표를 설정하거나 경쟁할 수 있는 기능이 들어 있다. NOOM도 인공지능을 활용해 커뮤니티 기반의 동료 지원 네트워크를 구축하고 있다.

인공지능 기반 피트니스

살펴본 바와 같이 인공지능은 피트니스 산업에서 주목받고 있는 기술이다. 개인화된 운동 프로그램의 제공에서부터 운동 성과 분석에 이르기까지 다양한 영역에서 사용자들의 신체 활동 증진을 돕고 있다.

맞춤형 피트니스 프로그램 설계

인공지능은 사용자의 건강 관련 데이터를 수집 분석해 그의 건강 상태를 파악하고, 그가 목표하는 건강 지향점을 분석해 최적의 운동 계획을 제공한다. 예를 들어, 웨어러블 디바이스를 착용하고 러닝 운동을 했을 때, 사용자의 심박수나 러닝 목표를 기반으로 효과적인 러닝 코칭을 할 수 있다.

운동 자세 분석 및 교정

인공지능 기반 피트니스에서 널리 쓰이는 컴퓨터 비전 기술은 사용자가 바른 자세로 운동을 하고 있는지 모니터링할 수 있다. 예를 들어 스마트홈트(카카오 VX, 2023년 12월 20일 서비스 종료)의 경우, 스마트폰의 카메라를 활용해 사용자의 운동 자세를 실시간으로 분석하고, 올바른 자세를 유지하도록 도와 부상을 예방하고 운동 효과를 극대화하는 데 도움을 주었다.

가상 트레이너 및 커뮤니티와의 연결을 통한 사회적 상호작용

인공지능의 가장 큰 특징은 문제를 해결하고 학습하며, 데이터를 바탕으로 결정을 내릴 수 있는 기술적인 능력이다. 그러나 인공지능이 특정 상황에서 인간적인 특성을 모방했을 때 사용자들은 인공지능에게 사람과 같은 특성을 느끼며 행동 변화에도 영향을 받을 수 있다. 예를 들어, 인공지능 기반 피트니스 서비스에서 피드백을 제공할 때 사람과 같은 음성 피드백을 활용하거나 채팅 등을 활용해 가상 트레이너의 역할을 하며 피드백을 준다면 사람 중재자가 영향을 주는 것과 비슷한 효과를 줄 수 있다. 실제로 많은 사용자들은 본인의 기호에 맞는 트레이너 목소리의 유료 패키지를 구입하고, 인공지능 에이전트를 활용하는 현상을 보였다.

또한 인공지능은 인공지능 에이전트가 직접 피드백에 관여하지 않아도 사용자가 참여하는 커뮤니티 내에서 전략을 제공하거나, 경쟁 요소를 추가해 지속성을 높일 수도 있다. 가령 나와 비슷한 실력을 가진 사용자들 간의 경쟁을 알려주는 대시보드를 보여주거나, 연락처 기반 지인 추가를 통한 사회적인 상호작용을 형성하고, 경쟁이나 협동, 칭찬이나 부끄러움 등 사회적인 상호작용을 통해 건강 행동을 유지하는 데 도움을 줄 수 있다.

참고문헌

Esteva, A. et al.(2017). Dermatologist-level classification of skin cancer with deep neural networks. *Nature*, 542, pp.115-118. https://doi.org/10.1038/nature21056

Fogg, B. J.(1999). Persuasive technologie301398. *Communications of the ACM*, 42(5), pp.26-29. https://doi.org/10.1145/301353.301396

Lee, Y. & Lim, Y.(2015). Understanding the roles and influences of mediators from multiple social channels for health behavior change. *Proceedings of the 18th ACM conference on computer supported cooperative work & social computing (CSCW '15)*, pp.1070-1079. https://doi.org/10.1145/2675133.2685032

Sarantopoulos, A. et al.(2024). Artificial intelligence in infectious disease clinical practice: An overview of gaps, opportunities, and limitations. *Tropical medicine and Infectious Disease*, 9(10). https://doi.org/10.3390/tropicalmed9100228

Topol, E. J.(2019). High-performance medicine: The convergence of human and artificial intelligence. *Nat Med*, 25, pp.44-56. https://doi.org/10.1038/s41591-018-0300-7

04
사용자 중심의 피트니스 서비스와 플랫폼

인공지능 기반 피트니스 서비스는 자동화와 분석 기술을 활용해 사용자의 건강 행동 변화에 영향을 준다. 사용자들에게 사랑받고 있는 인공지능 피트니스 서비스들은 광학 문자 및 이미지 분석, 코칭 데이터베이스의 활용, 개인 맞춤형 운동 제안을 핵심 기술로 활용하고 있다.

AI와 사주?

온디바이스 AI

인공지능 기반 피트니스 서비스는 인공지능을 어떤 기능에 적용하느냐에 따라 매우 다양하게 나타난다. 서비스 플랫폼은 웹이나 대면도 가능하고, 특히 모바일 애플리케이션에서 활발하게 발전했다. 이를 위해 우선 온디바이스 AI에 대해 설명하겠다.

애플의 A11 바이오닉 칩이 처음으로 머신 러닝 작업 처리를 위한 뉴럴 엔진을 포함하고, 화웨이에서 기린 970 칩을 신경 처리 장치에 탑재하면서 인공지능 기능을 구현하기 시작했을 때가 2017년이다. 이 기술로 스마트폰은 음성 인식, 사진 처리, 실시간 번역 같은 인공지능 작업을 클라우드 서버에 의존하지 않고 기기 자체, 즉 온디바이스에서 가능하게 되었는데, 이를 온디바이스 AI라고 한다. 이후 구글의 텐서 프로세서나 퀄컴의 스냅드래곤 시리즈 같은 칩셋에서 강력한 전산 능력을 가진 인공지능 모델 지원이 가능하게 되었다. 강력한 능력을 가진 인공지능 칩셋을 온디바이스에서 활용할 수 있다는 것은 기존의 스마트폰과는 다른 새로운 시대를 연 것으로, 개인정보 보호는 더욱 강력해졌고, 지연 시간은 매우 낮아졌고, 오프라인 기능이 가능해졌다. 이로써 기존에 클라우드를 이용해야만 전산 처리가 가능했던 것들을 온디바이스 수준으로 내려 사용하면서 더욱 경제적인 활용이 가능해졌다. 2020년 이후 더 발전된 칩셋 기술과 함께 온디바이스 AI의 실질적인 성숙기에 접어들게 되었다.

인공지능 기반 피트니스 서비스와 모바일 애플리케이션

온디바이스 AI와 인공지능 기반 피트니스 서비스는 어떠한 상관관계가 있을까? 2020년경 온디바이스 AI가 성숙기에 접어든 시기는 인류의 건강사를 새롭게 쓴 COVID-19 팬데믹이 발생한 시점과 일치한다.

앞서 언급한 연구(Ammar et al., 2021; De Oliveira Neto et al., 2020)와 질병관리청의 보고(2022)에 의하면 COVID-19 팬데믹으로 사람들의 모든 수준의 신체 활동이 감소하고, 비활동 시간이 급격히 증가했다. 건강에 대한 염려와 자유롭게 운동할 수 없는 상황은 비대면 피트니스를 발전시켰고, 비대면 헬스 서비스 분야가 크게 발전했다.

인공지능 기반 피트니스 서비스

2021년 4월 10일부터 2주간 글로벌 상위 애플리케이션

플랫폼인 앱 애니(App Annie)를 활용해 'AI Fitness'를 키워드로 한 구글 플레이스토어, 앱 스토어 검색 상위 100개 애플리케이션을 조사했다. 14일간 매일 순위 변동 가중치를 계산해 구글 플레이 스토어 8개, 앱 스토어 10개 앱 중, 상위 차트 간 중복되는 애플리케이션을 제외한 15개의 애플리케이션을 추출했다. 구글 플레이 스토어의 1위는 Rivvy: AI Fitness Trainer, 2위는 J'peux pas, j'ai Fitness, 3위는 infiGro, 4위는 Vivafit, 5위는 Fit'n Sword, 6위는 PKRS, 7위는 Physique AI Beta, 8위는 스마트홈트였다. 앱 스토어 기준 1위는 FitMe, 2위는 Vivafit, 3위는 Rivvy: AI Fitness Trainer, 4위는 Zing, 5위는 J'peux pas, j'ai Fitness, 6위는 Fits, 7위는 Fitbod Workout & Fitness Plan, 8위는 PKRS, 9위는 Route Fit, 10위는 Aaptive였다.

또한 2024년 말 순위를 확인한 결과, 서비스 이름이 바뀐 경우는 있었지만, 활용된 기술이 변화하거나 서비스가 크게 변화한 경우가 없어 2021년도 서비스를 기준으로 기술 분석을 기술하려고 한다.

사례에서의 인공지능 기술 분석

각각의 애플리케이션을 세 명의 디자인 연구원들이 피

트니스 사용 전, 중, 후로 어떤 인공지능 기술이 탑재되었는지 반복 분석했고, 유사도(Affinity diagramming) 분류 과정을 가졌다.

중요하게 활용된 핵심 기술과 보조 기술의 활용 분포를 살펴보면서 사용자 경험에 영향을 줄 수 있는 기술을 추출했다. 핵심 기술로 46.7%의 서비스가 광학 문자 및 이미지 분석(Optical Character Recognition; 이미지 프로세싱)을 활용하고 있었다. 또한 이미 DB화된 코칭 가이드 제안을 활용하고 있었으며(26.7%), 개인 맞춤형 제안(20%), 챗봇(6.7%) 기능이 주로 활용되고 있었다. AI 에이전트가 제공하는 비주얼 혹은 오디오 피드백 기능은 핵심 기능으로 제공되지 않았지만(0%), 보조적으로 활용되면서 AI 피트니스 서비스의 사용자 경험을 증진했다(66.7%). 특히 보이스 피드백이 가장 많이 활용되고 있었으며(41.7%), 비주얼 인포매틱스(16.7%)와 게이미피케이션(8.3%) 등이 활용되었다. 피드백 이후에는 버추얼 에이전트(16.7%), DB화된 코칭 가이드 제안(8.3%), 개인 맞춤형 제안(8.3%)이 활용되었다.

각 사례별 AI 기술 활용도를 살펴보면 현재 AI 기반 피트니스 서비스들은 카메라를 활용한 운동 자세 측정 및 분석 기능을 주로 활용하고 있으며, 사용자의 초기 선호

도나 간단한 건강 데이터를 기반으로 정해진 피트니스 가이드를 제안했다. 그러나 두 기능 모두 AI의 강점인 사용자 데이터 학습 기반 맞춤형 제안의 경험을 충족시키기보다는 단순 결과 피드백을 주로 제공했다. 권기대(2022)와 이새봄 외(2020)에 따르면 사용자들은 AI 기반 헬스 서비스가 개인의 다양한 데이터를 이해해 맞춤화된 결과를 제공해 주기를 원했다. 그러나 현재 AI 기반 피트니스 서비스는 카메라를 활용한 운동 자세 측정 및 분석 등의 단순 분석 기술만을 제공하거나 사용자의 데이터 기반이 아닌 미리 세팅된 몇 가지 옵션 중에서 건강 관련 제안을 주는 등 낮은 수준의 사용자-서비스 상호작용을 제공하고 있음을 알 수 있다.

이 결과를 기반으로 기존 서비스들이 인공지능으로 활용하려고 했던 기능과 기대치를 가늠해 보았다. 흥미로운 점은 기존 서비스들이 사용자에게 제공하는 기능 자체는 인공지능을 활용한 기술인데, 사용자들에게 전달하고자 하는 사용 경험은 매우 의인화되어 있다는 것이다.

첫 번째로, 현재의 서비스는 조언자의 역할을 할 수 있다. 조언의 수준은 여러 단계이며, 깊이도 다르다. 사용자의 데이터를 학습해 정해진 응답을 해주는 정도로, 사용자의 맥락에 대한 이해 수준은 낮은 편이다. 구글 플레이 스토어의 6위인 PKRS 서비스나 앱 스토어 4위인 Zing의 경우가 이에 해당한다. 운동 전 사용자에게 운동 목표와 목적, 피트니스 앱 사용 여부, 운동 동기 등을 상세히 물어보며 특히 수술 이력, 안 좋은 신체 부분 등의 개인정보를 물어 사용자를 파악하는 과정을 거친다. 데이터 입력 후 사용자에게 동기를 제공하고 운동을 설계해준다. 조언은 "근육이 뭉치면" "스트레칭 제공" 등의 단순한 조언보다는 다양한 데이터를 조합해 조언을 제공하는 것이 중요하다. 즉, "사용자가 수면 장애가 있고", "어제 진행한 운동에서 무리가 있었으며", "오늘 기온은 매우 낮고", "사용자의 걸음 수가 적기에", "스트레칭을 제공"하는 것이 바람직하다. 이것이 가능하려면 기존 서비스들은 피트니스 상황 이후에도 제공한 제안이 어떠했는지 사용자에게 묻고 논의하는 과정이 필요하다. 만족도를 묻고 향후 반영하는 강화(Reinforcement) 과정이 필요하다.

두 번째로, 현재의 서비스는 감시자의 역할을 할 수 있다. 대부분의 서비스가 카메라를 통한 이미지 분석으로 이 역할을 수행한다. 스마트홈트, 핏미(Fitme), Rivvy가 이에 해당한다. 운동 중에 정보를 제공하는 경우가 많고,

바른 자세를 유지하는지, 운동을 몇 회 진행하는지 등을 확인하고, 사용자를 독려한다. 서비스가 어떤 운동을 제안하고 사용자가 이를 실행에 옮기면, 사용자의 운동 자세 등을 카메라로 인식하고 자동화 처리해 대화형 AI로 피드백을 주거나 운동 결과 데이터를 산출해 주는 메커니즘이다. 어떤 서비스는 사용자만의 레포트를 제안해 주거나, 이전 운동 결과가 어떠했으니 다음 운동을 제안하는 등 개인 맞춤화를 제공한다. 이 경우, 사용자는 인공지능을 더욱 신뢰할 수 있다. 훈련자의 역할로 진화하는 경우다.

세 번째로, 현재의 인공지능 기반 피트니스 서비스는 훈련자의 역할을 할 수 있다. 두 번째에서 언급한 감시자의 수준이 높아졌을 때 가능하다. 운동 결과를 분석해 제안하는 것만으로는 훈련자의 역할이라고 할 수 없다. 훈련자는 운동 전 사용자의 동기를 습득하고, 분석을 통해 운동을 설계하고, 동기부여를 할 수 있는 수준으로 인공지능을 활용해야 한다. 피트니스 지도자의 역할은 운동의 동기부여를 제공하고 정확한 피트니스 지식을 제공하는 것인 만큼 이를 대신할 수 있는 기능을 제공해야 한다. Vivafit이나 Fits는 이 역할을 수행한다. 사용자의 운동 목표, 레벨, 난이도와 기본적인 신체 데이터를 수집하고, 사용자 맞춤형 운동 프로그램을 설계해 주며, 운동 중 이미지 프로세싱을 통해 움직임 패턴을 분석하거나 영상과 보이스로 코칭한다. 사용자의 운동 진행 과정을 학습하는 동시에 요약을 제공하고 개인 맞춤화된 다양한 운동 프로그램을 제공한다.

마지막으로, 현재의 서비스는 중매자의 역할을 할 수 있다. Adaptiv 서비스의 경우, 사용자가 운동을 마치면 앱 내 커뮤니티를 피드 형식으로 제공한다. 삼성 헬스, 나이키 런 클럽, 스트라바 등은 사용자와 비슷한 운동 역량이나 비슷한 나이의 사용자들 간의 커뮤니티를 가지고 있다. 피트니스 서비스는 운동 결과에 따라 적절한 커뮤니티에 레이블링해 운동 결과에 대해 사용자들 간에 공유하고 소통할 수 있도록 중매할 수 있다.

이처럼 기존 인공지능 기반 피트니스 서비스들은 인공지능의 다양한 기능을 통해 더욱 맞춤화된 운동 경험을 제공하고 있다. 그럼에도 불구하고 사용자들은 제공되는 기능에 불만을 가지고 있다. 이는 기능의 구현 수준이 낮기 때문일까, 혹은 피트니스 분야의 고유한 특성 때문일까?

사용자들이 이들 서비스에 어떤 기대감을 가지고 있는지 다음 장에서 알아보았다.

참고문헌

질병관리청(2022.4). 코로나19 유행 후 신체활동, 정신건강, 주요 만성 질환 악화. https://www.kdca.go.kr/board/board.es?mid=a20501050000&bid=0015&list_no=719398&cg_code=&act=view&nPage=149&newsField=5

Ammar, A. et al.(2021). Effects of home confinement on mental health and lifestyle behaviours during the COVID-19 outbreak: insights from the ECLB-COVID19 multicentre study. *Biology of sport*, 38(1), pp.9-21. https://doi.org/10.5114/biolsport.2020.96857

De Oliveira Neto, L. et al.(2020). #TrainingInHome - Home-based training during COVID-19 (SARS-COV2) pandemic: physical exercise and behavior based approach. *Revista brasileira de fisiologia do exercicio*, 19(2), pp.9-19.

Kwon, K.(2022). A survey on the public awareness of digital healthcare. ≪Journal of digital contents society≫, 23(3), 551-558쪽. https://doi.org/10.9728/dcs.2022.23.3.551

Lee, S. B. et al.(2020). A trend of artificial intelligence in the healthcare. ≪The Journal of the Korea Contents Association≫, 20(5), 448-456쪽.

NVIDIA(2024). NVIDIA T4. https://www.nvidia.com/ko-kr/data-center/tesla-t4/

NVIDIA(2025). NVIDIA H100 Tensor 코어 GPU. https://www.nvidia.com/ko-kr/data-center/h100/

Stanford HAI(2024). Artificial intelligence index report 2024. https://aiindex.stanford.edu/report/

05
인공지능 피트니스 서비스에 대한 기대와 현실

인공지능은 예측, 자동화, 소통, 생성, 인식의 주요 기능을 제공하며 사용자들에게 기대를 갖게 했다. 그러나 기술적 한계와 복잡성, 편향 문제 등으로 기대에 못 미치는 간극이 있다. 인공지능의 현재 기술 수준이나 감정적 · 사회적 교류 부족 등으로 사용자 경험을 저하시키기도 한다.

AI와 아이돌?

인공지능의 기능과 기대 및 간극

인공지능은 분야별 적용 목적에 따라 수행하는 기능이 다르다. 일반적으로 인공지능 기반 사업에 적용되는 인공지능 기능은 예측, 자동화, 소통, 생성, 인식의 5대 기능이다(정두희, 2020). 예측 기능은 데이터를 기반으로 사용자의 선호 예측, 사용자가 처한 상황을 종합적으로 판단하는 맥락 예측이 있다. 자동화 기능은 입력된 데이터를 자동 처리하고, 최적화하며, 탐색하는 기능이다. 소통은 챗봇처럼 응대하고 대화하는 기능이다. 생성은 미드저니와 같이 이미지를 생성하거나 데이터 편향을 줄이기 위해 중립적인 데이터를 계속 생성해 내는 것이다. 인식은 피트니스 서비스의 이미지 인식, 시리나 빅스비의 음성 인식, 그 외에 감정 인식이나 맥락 인식 등 인식 목적에 따라 인식 가능한 센싱의 범위도 달라진다. 이러한 기능을 가진 인공지능에 대해 사용자들은 어떤 기대를 가지고 있을까?

HCI 분야의 선행 연구는 사용자들이 인공지능에 대해 어떤 기대를 가지고 있는지 조사했다. Brauner 등(2024)과 Yi & Choi(2023), Gerlich(2023)에 따르면 사람들은 인공지능을 통해 효율성을 높일 수 있을 것이라고 답했다. 이는 반복적이거나 복잡한 작업이 자동화될 수 있기 때문이다. 궁극적으로 삶의 효율성 및 생산성 향상에 기대가 큰 것으로 밝혀졌다.

두 번째로, 인공지능은 맞춤형 경험을 제공할 수 있기 때문에 이에 대한 기대도 높은 것으로 밝혀졌다. 사용자와 시스템의 관계에서 신뢰를 기반으로 많은 학습이 이뤄졌을 때 시스템의 제안은 사용자를 잘 아는 객체가 제안해 주는 조언으로 여길 가능성이 크다는 것이다. 향후 의사결정을 지원하거나 문제 해결에서 혁신을 지원할 수 있는 기능으로 발전할 수 있다.

마지막으로, 사람들은 인공지능이 기술적인 소외를 줄이고, 더 많은 사람들이 고급 기술에 접근할 수 있도록 도울 것이라는 사회적인 영향력도 기대하고 있다. 향후 음성인식 등의 손쉬운 방법을 통해 기술 및 정보 격차를 줄일 수 있다고 생각한다.

이런 다양한 기대에도 불구하고 사용자들은 현재 인공지능에 대해 기대치에 못 미친다고 생각하는 것으로 밝혀졌다. 선행 연구에 따르면 사용자들은 다음의 이유로 기대와 현실 사이의 간극을 느끼는 것으로 보았다.

우선 사용자들은 인공지능을 모든 문제를 해결할 요술 램프로 여기는 과도한 기대감을 가지고 있다. 인공지능은 복잡한 맥락을 이해하지 못하고, 창의적으로 문제를 해결하는 데 어려움이 있으며, 인간적인 판단을 완벽하게 대체하지 못한다. 물론 인간을 초월한 수준의 과도한 기대감은 향후 인공지능의 비전이기도 하다.

두 번째로, 일반 사용자들은 인공지능 시스템을 이해하기 어렵다는 점이다. 블랙박스 모델인 딥 러닝의 경우에는 더욱 심하다. 사용자가 기술의 작동 원리, 한계, 강점 등을 정확히 이해하지 못한 채 기대했을 경우, 허탈함도 더 클 수 있다.

인공지능이 기술적인 소외를 줄이고 더 많은 사람들이 고급 기술에 접근할 수 있도록 도울 것이라고 생각했으나, 실제로 인공지능 기술은 모든 사람이 동일하게 접근할 수 없음이 현실이다. 상대적으로 컴퓨터로 작업을 하는 경우가 많고, 시간적, 기술적 혜택이 많은 사람들에게 인공지능의 이점이 강화될 수 있어 소외감을 야기할 수 있다. 이는 인공지능의 사회적 수용에 부정적인 영향을 미칠 수 있다.

마지막으로, 인공지능의 결정 과정에서 발생할 수 있는 편향(Bias) 등 윤리적인 문제다. 이를 예상하지 못한 사용자들은 실망하거나 두려워하는 경우가 생긴다. 실제 인공지능의 다양한 편향이나 잘못된 학습으로 야기된 사건들이 있다. 2016년 마이크로 소프트의 챗봇 TAY

는 사용자들과 상호작용하며 학습하도록 설계되었으나 일부 사용자들의 인종 차별 발언 등 부적절한 발언을 학습하게 되었고, 서비스 16시간 만에 중단되었다. 또한 대한민국에서 2020년 20대 여성 콘셉트로 출시된 인공지능 챗봇 이루다의 경우에도 혐오 발언 및 편향 사건이 있었고, 사용자의 개인정보 유출 문제 등이 발생하면서 출시 한 달 만에 서비스를 중단했다.

인공지능에 대한 사용자들의 기대와 실제 경험 간의 간극이 시사하는 바는 인공지능을 위한 규제와 가이드라인이 필요하다는 것이다. 실제 유럽 연합(「인공지능법」, 2024), 미국, 영국, 일본 등에서는 인공지능 법안, 인공지능 규제, 인공지능 백서, 인공지능 사회 원칙과 가이드라인을 수립 중이다. 대한민국도 2020년 과학기술정보통신부가 인공지능 윤리 기준을 마련해 인간의 존엄성, 프라이버시 보호, 공정성 등을 강조했고, 2023년 개인정보보호위원회는 인공지능 개발 · 서비스를 위한 개인정보 처리 안내서를 발표해 개인정보 처리에 대한 지침을 제공했다.

인공지능은 활용 범위가 매우 넓다. 그렇다면 사용자들은 인공지능 피트니스 서비스에 대해 어떤 기대를 하고 있을까?

인공지능 피트니스 서비스에 대한 기대 및 간극

피트니스 분야는 전문 분야이기 때문에 사용자들의 기대 또한 전문적이다. 앞서 언급한 인공지능에 대한 일반적인 기대 연구인 Brauner 등(2024), Yi & Choi(2023), Gerlich(2023)의 연구에 따라 실제 인공지능 피트니스 서비스를 활용한 사용자 11명(여성 7인, 남성 4인)을 대상으로 인터뷰를 진행해 아래 같은 기대를 정리했다.

첫 번째로, 사용자들은 인공지능 피트니스 서비스가 자신의 운동 관련 데이터를 분석해 맞춤형 운동 프로그램은 물론 식단까지 제공할 수 있을 것이라고 기대한다. 자신의 목표에 최적화된 방식으로 건강을 관리할 수 있다고 기대하는 것이다.

두 번째로, 사용자들은 인공지능 피트니스 서비스의 품질이 높고, 정보가 정확할 것이라고 기대한다. 해당 기술에 인공지능을 적용하면 운동 추적 및 피드백 기능, 건강 데이터와의 조합이 가능하기 때문에 사용자의 지속적인 동기부여를 도울 수 있다.

또한 인공지능의 발전에 대한 기대감에 피트니스 분야뿐만 아니라 헬스케어 전반에서 서비스가 더욱 고도화될 것이라고 기대한다. 또한 인공지능의 분석과 예측 기술이 사용자의 질병 가능성을 예측하고 예방할 수 있을 것이라고 기대한다.

그러나 일반적인 인공지능 서비스와 마찬가지로 사용자들의 기대와 실망이 공존한다. 먼저, 현재 피트니스 서비스의 지능 수준은 그렇게 높지 않다. 사용자 데이터를 충분히 반영하지 못하고, 일반화된 프로그램을 제공하기 때문에 개인 맞춤화에 미흡한 경험을 제공할 수 있다. 또한 분석이 부정확할 수 있고, 잘못된 피드백을 제공할 가능성도 있다. 한편, 사용자들은 기술적인 기대감 외에 자신의 감정적이거나 상황적인 면까지 고려해주기를 원하기도 한다. 예를 들어 자신의 업무가 많아 운동 강도를 줄여 추천해 주기를 기대한다. 인공지능 피트니스 서비스에서 기대하는 것 중 정확도 못지않게 중요한 것이 선제성이다. 사용자에게 서비스나 정보를 선제적으로 제공해 주되, 사용자의 다양한 맥락을 고려한 것이어야 한다. 이를 위해 사용자의 다양한 정보를 수집해 학습하는 과정이 중요하고, 사용자도 서비스 향상을 위해 이 과정을 중요하게 여기는 것이 필요하다.

문제는 인공지능 피트니스에 적용된 에이전트가 사용자와의 사회적, 정서적 교류나 동기부여에 실패할 수 있다는 점이다. 이는 사용자 경험을 저하할 수 있고, 서비스에 대한 만족도를 떨어뜨릴 수 있기에 섣불리 적용하기 어려운 부분이다.

인공지능 피트니스 서비스는 많은 가능성을 가지고 있음에도 충분한 사용자 경험을 제공하기에는 한계가 있는 것으로 보인다. 다음으로, 인공지능 피트니스 서비스가 어떤 가능성을 가지고 있는지 다음 장에서 상세히 살펴보도록 하겠다.

참고문헌

정두희(2020). ≪한 권으로 끝내는 AI 비즈니스 모델≫. 청림출판.

Brauner, P. et al.(2024). Mapping public perception of artificial intelligence: Expectations, risk-benefit tradeoffs, and value as determinants for societal acceptance. *arXiv*, arXiv:2411.19356. https://arxiv.org/abs/2411.19356

Gerlich, M.(2023). Perceptions and acceptance of artificial intelligence: A multi-dimensional study. *Social Sciences*, 12(9). https://doi.org/10.3390/socsci12090502

Yi, M. & Choi, H.(2023). What drives the acceptance of AI technology?: The role of expectations and experiences. *arXiv*, arXiv:2306.13670. https://arxiv.org/abs/2306.13670

06

인공지능 피트니스 서비스의 발전 가능성

인공지능의 발전으로 다양한 분야에서 서비스 기능이 고도화되었고, 정보의 질이 향상되었다. 인공지능이 건강 분야 전반에 가져다 줄 가능성은 피트니스와 건강 분야에서 활용되는 다양한 기기들과 함께 더욱 다양해지고 있다. 이에 따라 인공지능 피트니스 서비스가 해결해야 하는 다양한 문제도 생기기 마련이다.

AI와 야구?

인공지능 피트니스의 가능성

4장의 사용자 중심의 피트니스 서비스와 플랫폼에서 알아보았듯 피트니스 분야에 활용된 인공지능은 주로 이미지 프로세싱과 DB화된 코칭 가이드다. 보조적으로 음성 피드백과 비주얼 인포매틱스 등도 활용되었다. 이 기술을 활용해 인공지능 피트니스 서비스는 주로 조언자, 감시자, 훈련자, 중매자의 역할을 수행하며, 맞춤형 운동 설계와 동기 부여, 커뮤니티 형성을 통해 사용자 경험을 지원할 수 있다. 또한 사용자들은 인공지능의 수준을 높게 예상하기에 개인 데이터를 심층 학습하기를 바라고, 본인의 맥락과 상황을 인지하기를 바라고, 더 정교한 맞춤형 서비스를 제공받기를 원했다. 그렇다면 향후 인공지능 기술이 고도화되면 사용자 경험도 개선될 수 있을까?

향후 피트니스에 적용될 수 있는 인공지능 기술

향후 피트니스 서비스에 적용될 수 있는 인공지능 기술은 어떤 것이 있을까?

무엇보다 모니터링에서의 센싱 정확도를 높이는 알고리즘을 구현하는 일이다. 실시간 운동 자세 분석 및 교정을 위해 센서와 카메라로 운동 자세 등을 실시간 분석하고, 이를 교정해 올바른 자세로 운동할 수 있도록 도와줄 수 있다. 이는 부상 예방과 운동 효과 향상에 기여할 수 있다. 현재의 서비스에서도 이미지 프로세싱을 활용한 많은 피드백이 제공되지만, 이미지 프로세싱의 전처리 단계나 알고리즘 모델의 한계가 존재한다. 이미지 프로세싱의 전처리는 이미지를 분석하기에 적합한 형태로 준비하는 과정으로, 밝기나 대비를 조정해 이미지를 개선하고, 불필요한 정보를 제거하는 노이즈 제거나, 경계나 형상을 강조하는 엣지 검출 등이 있다. 또한 운동하는 사용자와 배경을 구분하는 이진화도 필요하다.

그러나 사용자는 늘 같은 조도와 각도에서 운동하는 것이 아니다. 운동복도 느슨한 옷을 입기도 한다. 홈트일 경우, 커튼이 펄럭이거나 반려견이 돌아다니는 등 배경이 일정하지 않아, 사용자 센싱에 어려움이 있고, 조도 문제, 왜곡 보정 문제, 노이즈 제거 실패가 발생할 수 있다. 특징 추출에 오류가 생기고, 정확한 피드백이 어려워질 수 있다.

정확한 기술을 구현하는 것이 단기적인 우선순위라면, 그다음으로는 가상 피트니스 코치와의 인터랙션의 질을 높이는 것이다. PKRS 등 여러 피트니스 서비스에 가상 코치가 존재한다. 운동을 제안하거나 운동 결과를 알려줄 때, 기존의 텍스트나 음성 형태를 가상 에이전트가 전해주는 것이다. 사용자는 가상 에이전트와 라포(Rapport, 관계)가 형성될 수 있다. 물론 단순히 객체가 존재한다고 라포가 형성되는 것은 아니다. 사용자가 피곤하다고 했을 때 가벼운 운동을 추천해 주거나 앞으로의 운동을 응원하는 등의 감정적인 반응이 가능한 인식과 반응 기술이 필요하다. 또한 일관성 있는 상호작용을 유지하면서 신뢰를 쌓아가야 한다. 예를 들어, 사용자가 이전에 했던 운동에 대한 피드백을 다시 받거나, 자주 묻는 질문에 일정한 답을 제공해 에이전트와 사용자 관계에 예측 가능한 경험과 안정성이 있어야 한다.

하지만 인공지능 기술의 고도화만으로는 현재의 사용자 경험의 간극을 메울 수 없다. 이를테면 다른 기기나 시스템이 필요할 수 있다. 향후 인공지능 피트니스에는 이러한 시너지가 중요해 보인다.

대부분의 사용자들은 피트니스 트래커나 스마트워치 등 웨어러블 디바이스를 함께 사용한다. 실시간 생체 데이터 수집과 개인 맞춤형 건강관리가 가능하다. 기술이 고도화됨에 따라 센싱 가능한 범위가 운동량, 활동량의 측정뿐 아니라 명상, 수면, 정신 건강관리까지 확대되고 있다. IoT를 활용하면 데이터 센싱 측면에서도 정확성을 높일 수 있게 된다.

웨어러블 기기가 사용자의 신체와 접촉해 직접 데이터를 수집한다면 사용자와 접촉하지 않고 데이터를 수집하는 기기 및 시스템도 존재한다. 운동 기구나 운동에 필요한 물건이 이에 속한다. Mirror by Lululemon, Echelon Reflect, Tempo Studio가 제공하는 스마트 미러가 이에 해당한다. 스마트 미러는 운동 강사의 비디오를 화면에 보여주면서 실시간으로 운동을 따라 할 수 있게 하고, 인공지능을 활용해 자세 교정 및 피드백을 제공한다. 무엇보다 미러 화면에 나타난 자신의 모습을 보면서 강사의 시범과 비교할 수 있고, 운동 중 수집된 심박수나 칼로리 소모량 등을 실시간으로 제공한다.

인공지능 기반 피트니스 기구도 머신 러닝과 IoT 기술을 활용해 피트니스 경험을 스마트하게 업그레이드한다. 토널(Tonal), 펠러턴(Peloton), 노르딕트랙 볼트(NordicTrack Vault), 파이트캠프(FightCamp)가 이에 해당한다. 토널은 벽에 부착하는 고급 디지털 웨이트 머신으로, 인공지능이 운동 강도를 자동으로 조절해 최대 200파운드(90.7kg)의 디지털 저항을 제공한다. 펠러턴은 스마트 자전거와 러닝머신으로 유명한데, 라이브 및 온디맨드 수업에서 사이클링과 러닝뿐만 아니라 요가와

필라테스 등 다양한 운동을 제공한다. 노르딕트랙 볼트는 스마트 미러와 운동 장비 보관 기능을 통합했는데, 스튜디오 스타일의 강습과 함께 덤벨, 케틀벨 등 전통적인 피트니스 도구 사용이 가능하다. 파이트캠프의 경우, 복싱 및 킥복싱 훈련을 위한 스마트 펀치백 및 센서 장치를 갖추었고, 사용자의 펀치 속도, 강도, 정확도를 실시간으로 추적할 수 있다.

인공지능 피트니스 서비스의 현재 목표는 빠른 시간 안에 최대의 효과를 제공할 수 있는 효율적인 운동 제공과 축적된 데이터를 기반으로 질 높은 피드백을 제공하는 것이다. 또한 리더보드와 배지 시스템, 커뮤니티 연결 등의 동기부여를 통해 사용자가 운동을 지속하도록 유도한다. 결국 기존의 헬스장을 대체할 수 있는 서비스를 제공함으로써 사용자에게 주도권을 제공하는 것이 인공지능 피트니스 서비스의 최종 목표인 것이다.

향후 피트니스에 적용될 수 있는 다양한 기술

현재는 적용에 어려움이 있지만 향후 피트니스에 적용될 적합한 기술도 존재한다.

앞서 설명한 스마트 미러나 피트니스 장비 등의 기술은 스마트 홈 기술의 발전과 함께 사용자들의 건강한 생활 습관에 영향을 줄 수 있다. 이를테면 건강 가전 등과의 시너지를 통해 피트니스의 범위가 건강 전반으로 넓어질 수 있다.

피트니스 기술은 병원 및 의료 환경에서 활용됨으로써 또 다른 가능성을 가질 수 있다. 재활 치료를 위한 스마트 피트니스 기기가 가능하고, 원격 의료와 피트니스 데이터의 연동으로 맞춤형 건강관리도 가능하다. 국내 기업인 사운더블(Soundable) AI는 음성 데이터를 활용해 사용자의 건강 상태를 분석하고 피드백을 제공하는 혁신적인 헬스케어 기업이다. ProudP의 경우, 인공지능 기술과 음향 분석으로 소변 사운드를 분석해 개인의 건강 상태를 모니터링하고, 건강 지표를 제시하며, 실제 비뇨기과와 협업해 전립선 환자들이 활용하고 있다. 이는 초기 진단 보조 도구로 쓰이며, 환자들의 집에서 활용할 수 있다. 이와 같은 서비스는 헬스케어 기술의 새로운 패러다임을 제시하면서 간단한 행동으로 건강을 모니터링 할 수 있는 도구로 주목 받고 있다.

피트니스 분야는 어떤 기술을 적용하느냐에 따라 건강 전반이나 의료 분야뿐 아니라 엔터테인먼트 분야로도 발전할 가능성이 있다(Macvean & Robertson, 2013). 운동과 게임의 합성어인 엑서게임(Exergame)에서 주로 활용하고 있는 가상현실(VR)과 증강현실(AR)을 활용하면 가상 환경에서 운동하거나 증강된 현실에서도 운동 지도를 받을 수 있다. 이는 사용자들에게 새로운 운동 경험을 제공할 수 있고, 운동의 재미와 몰입도를 높일 수 있다. 특히 가상 코칭 등을 지원하면 몰입형 피트니스 경험을 제공할 수 있다. 코치라는 에이전트 외에 친구 등의 관계를 포함해도 건강 행동 변화에 긍정적인 영향을 준다는 연구 결과가 있다(Rooksby et al., 2015).

이처럼 인공지능 피트니스 서비스는 기술적, 사회적, 산업적 변화와 요구에 따라 새롭게 진화할 것이다. 특히 인공지능을 활용해 개인화의 극대화를 이룰 수 있고, 건강 데이터 통합과 분석의 고도화가 가능해질 것이다. 또한 인터랙티브 피트니스 경험을 제공해 새로운 피트니스 환경을 구축할 수 있을 것이다.

참고문헌

Macvean, A. & Robertson, J.(2013). Understanding exergame users' physical activity, motivation and behavior over time. *Proceedings of the SIGCHI Conference on Human Factors in Computing Systems - CHI '13*, pp.1251-1260. http://doi.org/10.1145/2470654.2466163

Rooksby, J. et al.(2014). Personal tracking as lived informatics.

Proceedings of the 32nd Annual ACM conference on human factors in computing systems – CHI '14, pp.1163–1172. http://doi.org/10.1145/2556288.2557039

07
개인화

개인화는 사용자의 데이터를 기반으로 운동, 건강, 생활 습관에 최적화된 맞춤형 서비스를 제공하는 것을 의미한다. 사용자마다 다른 신체 상태, 운동 성향, 운동 목표를 가진 만큼 인공지능이 이를 학습해 개인화된 피드백을 제공하는 것이 중요하다. 인공지능에 대한 기대가 커지면서 사용자들은 자신의 환경, 시간, 심리 상태가 포함된 맥락 데이터의 서비스까지 원하고 있다.

AI와 운동주?

인공지능 피트니스의 개인화

개인화는 사용자의 특성과 필요를 이해해 맞춤형 서비스를 제공하는 인공지능의 능력이다. 구글 AI 원칙(Google, 2018)에도 강조된 것처럼 인공지능은 사용자의 데이터를 학습해 개인화된 경험을 제공해야 한다. 즉 개인화를 통해 사용자에게 더 나은 효율성과 만족도를 제공할 수 있다는 것이다. 개인화의 성능을 고도화하기 위해 대규모 데이터와 딥 러닝을 결합하기도 한다. 개인화는 사용자 데이터 분석, 맥락 이해, 맞춤형 피드백 제공으로 구성된다.

사용자 데이터 분석은 사용자로부터 수집된 데이터를 처리하고 분석하고 고유한 특성을 이해하는 과정이다. 예를 들어 심박수나 칼로리 소모량 같은 생체 데이터를 스마트워치 등에서 수집할 수 있고, 운동 빈도나 운동 강도 등 피트니스 서비스 앱에 기록된 사용자 활동 데이터를 활용할 수 있다. 또한 사용자의 선호 데이터에 기반할 수도 있다. 예를 들어, 피트니스 분야는 아니지만 스포티파이(Spotify) 같은 뮤직 스트리밍 서비스에서 청취 데이터를 분석해 개인 맞춤형 음악 추천을 해주는 것이 이에 해당한다.

맥락 이해란 사용자의 시간적 · 환경적 · 심리적 맥락을 파악해 데이터를 더 깊이 이해하는 과정이다. 특히 피트니스 상황의 맥락 이해는 중요하다. 구글 캘린더와 핏비트의 연동을 통해 운동 가능 시간을 분석해 추천해주는 것이 이에 해당한다.

맞춤형 피드백 제공은 사용자 운동 결과 등의 데이터를 기반으로 결과를 제공한다. 특히 행동을 개선할 수 있는 구체적인 제안을 제시하는 것을 의미한다. 실시간으로 운동 자세 등의 피드백을 줄 수도 있지만 장기적인 피드백을 줄 수 있다. 데이터 축적을 기반으로 장기적인 피드백을 제공한다면 건강 행동 유지에 큰 도움이 될 수 있다. 대부분의 피트니스 서비스들은 실시간으로 피드백을 제공한다. 물론 장기적인 피드백을 제공하기도 하지만 사용자가 오래 서비스를 사용하지 않아 데이터가 축적되지 않기도 하고(Lee et al., 2015), 맞춤화되었다고 느낄 수 없는 일반적인 수준의 피드백이 제공되기도 한다.

개인화는 단순한 데이터 분석을 넘어 사용자의 맥락을 이해하고 이를 반영한 맞춤형 피드백을 제공하는 것이다. 이 세 가지 과정과 요소가 유기적으로 작동할 때, 사용자는 더 높은 만족도를 느끼고 인공지능을 신뢰하게 될 것이다.

인공지능의 개인화에 대한 사용자의 기대

그렇다면 사용자들은 인공지능 피트니스 서비스의 개인화에 대해 어떤 점을 바라고 있을까? 우리는 인공지능 피트니스 서비스 사용자 11명을 대상으로 인터뷰를 진행한 바 있다. 이와 더불어 실제 사례 분석, 선행 연구들을 통해 현재 사용자들이 인공지능 피트니스 서비스에 기대하는 개인화에 대해 서술하고자 한다.

인공지능이 제공하는 개인화는 주로 건강 데이터와 사전 설정된 알고리즘을 기반으로 한다. 데이터 기반 개인화는 사용자가 서비스 초기에 입력했던 체중이나 건강 상태 등을 기반으로 프로그램이 설계된다. 초기 설정값과 웨어러블 기기에서 수집된 걸음 수 등의 데이터에 기반해 개인화가 이뤄진다. 다만 제한된 데이터 범위와 정적인 알고리즘으로 인해 개인화 수준이 제한적일 수 있다. 또 다른 개인화 방법은 원하는 체중 감량 정도, 매주 할당하는 운동량 등 특정 목적에 맞춘 고정적인 루틴을 제공하는 것이다. 이 경우, 사용자의 변화하는 맥락과 상황을 고려하지 못한다는 단점이 있다. 이러한 개인화가 이뤄졌을 때 사용자에게 제공되는 피드백은 자세 교정이나 성과 추적 등 매우 한정적이다. 지속적인 학습과 개인화된 상호작용이 결여된 피드백일 수밖에 없다.

사용자들은 현재 수준보다 더 높은 수준의 개인화를 기대한다. 첫째로, 사용자들은 인공지능 피트니스 서비스가 맥락적 데이터를 포함해 개인화를 제공해 주기를 원한다. 사용자의 상태나 환경을 반영해 건강 데이터뿐 아니라 사용자의 심리, 일정, 날씨, 운동 상태 등을 충분히 이해하고 제안해 주기를 바란다. 실험에 참여한 사용자들은 동기부여나 컨디션 파악에 인공지능이 내 상황에 맞게 먼저 제안을 해주었으면 좋겠다거나, 코칭 상황에서도 운동 성향이 다 다르기 때문에 인공지능이 나에게 맞는 코칭 스타일을 설정할 수 있으면 좋겠다고 했다. 두 번째로, 사용자들은 동적인 개인화를 원한다. 즉, 지속적으로 사용자를 학습해 발전하기를 바란다. 나를 잘 알고 발전하는 서비스를 원한다. 이는 사용자 데이터를 축적해 장기적인 효과를 분석하고 행동할 수 있는 인사이트(Actionable Insights)를 제공받기를 원한다는 것이다. 세 번째로, 사용자들은 선제적인 개인화를 원한다. 사용자의 행동을 인공지능이 예측하고 미리 제안하는 것으로, 사용자가 운동을 계획하기 전 적합한 루틴과 일정을 추천해 주기를 바란다. 특히 사용자가 "고민할 필요 없이" 서비스가 제안해 주는 것을 원했다.

요약하자면, 기존의 인공지능의 개인화와 사용자들이

원하는 개인화는 다양한 수준에서 발전되어야 한다. 데이터 활용 범위 측면에서는, 건강 데이터뿐 아니라 맥락 데이터를 활용해야 하고, 개인화 수준에서는 사전 설정된 프로그램을 제공하는 것을 넘어 지속 학습을 통해 사용자의 변화와 취향에 맞춘 동적인 개인화를 제공해야 한다. 추천 방식에서도 사용자의 입력 결과를 제공한 기존의 인공지능 개인화 방법과는 다르게 목표나 상황에 따라 실시간으로 조정된 루틴 제공이 필요하다. 운동 프로그램 설계에서도 고정된 목표를 기반으로 루틴을 설계하기보다 목표와 상황에 따라 실시간으로 조정된 루틴을 제공해야 한다. 사용자 경험 측면에서는, 제한적인 피드백과 상호작용이었던 현재 수준에서 좀 더 깊이 있는 상호작용, 정서적인 공감, 동기부여가 포함되어야 한다.

기존의 인공지능 개인화는 건강 데이터를 기반으로 기본적인 추천과 피드백을 제공했지만, 향후 사용자들의 니즈에 부합하기 위해서는 고도화된 개인화를 제공해야 한다. 인공지능은 단순히 데이터를 처리하는 도구가 아니다. 사용자의 운동과 관련한 삶의 맥락을 이해하고, 지속적으로 학습하며, 선제적으로 제안하는 서비스로 발전해야 한다. 즉, 인공지능이 정교한 알고리즘과 데이터를 통합해 인간 코치와 비슷한 역할을 수행할 수 있어야 한다.

앞으로의 도전 과제

선제적인 개인화를 실현하기 위해서는 인공지능의 예측 모델 성능과 데이터의 신뢰성이 증진되어야 한다. 사용자의 상황을 정확히 예측하는 지속 학습과 강화 학습을 통한 고급 알고리즘이 설계되어야 하고, 잘못된 예측이나 부적절한 제안을 최소화하기 위한 피드백 시스템을 구축하는 것도 중요하다. 기반이 되는 데이터 다양성과 품질을 확보하는 것도 중요하다. 현재의 개인화는 활용할 수 있는 데이터세트의 종류와 품질에 크게 의존하기 때문에 건강 데이터뿐 아니라 심리, 환경, 시간 등 맥락 데이터를 포함하려면 다양한 데이터 소스를 통합해야 한다. 개인화된 피드백의 효과를 높이기 위해서는 장기적으로 데이터를 축적하고 분석하는 시스템이 필요하다. 사용자 유지율을 높이는 전략도 중요하겠지만 데이터 부족 문제를 해결하기 위한 대안 데이터를 생성하는 기술도 고려할 수 있다.

참고문헌

Google(2018). AI Principles. https://ai.google/responsibility/principles/

Lee, Y. et al.(2015). Friends in activity trackers: Design opportunities and mediator issues in health products and services. *Proceedings of IASDR'15(International Association of Societies of Design Research)*, pp.1206-1219.

08
정확성

인공지능 피트니스 서비스에서 정확성은 사용자가 설정한 건강 혹은 피트니스 목표를 달성하기 위해 인공지능이 제공하는 정보, 분석, 추천이 얼마나 신뢰할 수 있고 현실적인지를 나타내는 중요한 지표다. 수집된 데이터의 분석, 인공지능의 성능, 추천의 정확성이 중요하며, 이는 사용자 개인화가 잘 이뤄져야 함을 의미한다. 정확성은 지속적으로 검증되고 개선되어야 하는 중요한 목표다.

AI와 한의학?

인공지능 피트니스에서의 정확성

정확성은 인공지능이 데이터를 분석하고 예측한 결과가 얼마나 신뢰할 수 있는지를 의미한다. 정확한 시스템은 데이터의 정확성, 알고리즘이나 모델의 정교함에 기반해야만 개인화된 추천이 가능하다. 피트니스 서비스 분야뿐 아니라 모든 인공지능 분야에서 정확성을 높이기 위한 노력이 이뤄지고 있다. 자연어 처리나 컴퓨터 비전 분야에서도 정확성은 매우 중요하기 때문에 이를 혁신적으로 향상하기 위해 다양한 모델을 도입하기도 한다.

애플 헬스(Apple Health)의 경우, 웨어러블 기기를 통해 정확한 심박수, 칼로리 소모 등을 측정해 건강 분석 결과를 제공하는 것이 그 예다. 웨어러블 기기인 애플 워치는 FDA 승인을 받은 심박수 측정 기술을 사용해 데이터 신뢰성을 높이고자 했다. 펠러턴의 경우 실시간 강의와 가상 트레이너를 통해 개인 맞춤형 운동을 제공한다. 사용자의 심박수, 운동 강도, 칼로리 소모량 등을 실시간으로 분석하고, 운동 결과 데이터를 시각화해 사용자에게 전달하기 때문에 동기부여에 효과적인 영향을 줄 수 있다. WHOOP의 경우에는 고급 센서를 이용해 심박수가 어떻게 변화했는지, 수면의 질은 어떠한지, 회복 상태 등을 분석한다. 사용자의 운동 강도와 회복 상태를 고려한 데이터를 제공하는데, 실시간 피드백뿐 아니라 데이터 해석을 맞춤화해 제공하기 때문에 신뢰성을 높인다. 과거에는 정적인 알고리즘을 사용해 정확도에 집중했지만, 현재는 실시간 데이터 분석과 딥 러닝을 활용해 모델이 더욱 정교해졌다. 그러나 어떤 데이터를 수집하는지, 데이터의 품질은 어떠한지에 따라 결과가 변동될 수 있고, 결국 신뢰성에 문제가 생길 수 있다.

정확성은 무엇에 대한 정확성인가에 따라 다차원적인 정의가 가능하다. 첫째로, 피로함이나 감정 상태 등 맥락 기반의 정확성이 있을 수 있다. 동일한 데이터라 하더라도 사용자의 특정한 상황이나 맥락에 따라 추천이나 분석 결과가 달라져야 한다. 둘째로, 시간적인 정확성이다. 즉, 운동 중 실시간으로 변하는 데이터를 반영해 즉각적이고 적합한 피드백을 제공해야 한다. 셋째로, 결과지향적 정확성이다. 이는 인공지능의 추천이 정말 쓸모가 있었는지, 사용자의 목표 달성에 기여했는지를 측정하는 것이다.

정확성을 보장하기 위해서는 데이터 수집의 다양성과 품질 관리가 중요하다. 다양한 센서 데이터를 통합하고, 노이즈를 제거하기 위해 데이터 품질을 높이는 과정이다. 알고리즘의 투명성에서도 인공지능이 데이터를 처리하고 결과를 도출하는 과정에서 블랙박스가 아닌 사용자가 이해 가능한 설명가능성(Explainable)을 보장함으로써 알고리즘의 투명성을 증대시키는 것도 매우 중요하다(Liao et al., 2020). 결국 인공지능 모델의 훈련과 검증 과정에서 다양한 사용자 사례를 통해 정확도를 평가하고 개선하는 지속적인 과정이 필요하다.

인공지능의 정확성에 대한 사용자의 기대

대부분의 사용자들은 다양한 인공지능 시스템을 사용해 본 경험이 있고, 피트니스 서비스를 활용해 본 경험이 있다. 그렇다면 이들은 앞으로 인공지능 피트니스 서비스가 정확하게 분석을 해준다고 했을 때 어떤 분야의 정확성을 원할까?

사용자들은 인공지능이 수집한 데이터를 정밀히 분석하고 신뢰성 높은 피드백을 제공해 주는 것과 실행 가능한 제안(Actionable Suggestion)을 제공하는 것을 원한다. 인공지능 서비스 시스템이 아니라 인간 트레이너나 코치의 경우라도 사용자의 다양한 정보에 기반해 운동을 설계하고 제안해 줄 것이다. 사용자들은 이와 동일한 효과를 서비스에서도 원한다는 것을 알 수 있었다. 코칭의 전문성을 강화하고, 정확한 피드백을 제공하며, 장기적인 데이터 분석을 원했다. 즉, 사용자는 인공지능이 트레이너나 코치처럼 전문성을 보여주어 신뢰도를 높이고, 운동 자세, 효율성, 성과를 정확하게 분석해 정확한 정보를 제공받기를 원한다. 심지어, 운동 중 몇%의 자세 오류가 발생했으니 고관절의 각도를 몇 도 조정하라는 행동 가능한(Actionable) 제안까지 원했다. 뿐만 아니라 사용자의 데이터를 축적해 장기적인 건강 상태 변화를 분석하기를 원했다. 예를 들어, 한 달 전과 현재의 체질량지수(BMI)를 비교하면서 변화를 보여주는 것이다.

결국 사용자들은 실시간 데이터 처리에 기반한 개인화, 신뢰성 있는 분석과 피드백, 효율적인 선제성, 정확한 자세 가이드를 제공하고, 인간적인 상호작용을 통해 공감과 동기를 제공하는 서비스를 원했다.

흥미로운 점은 사용자들의 기대가 기존과는 다른, 기술적으로 정확한 결과뿐만 아니라 개인화된 맥락과 공감을 포함하고 있다는 점이다. 정확성에 대한 정의, 접근 방식, 시간적 관점, 결과 표현, 그리고 사용자 경험에서 이전과 차별화된 기대를 가지고 있었다. 우선 기존의 정확성에 대한 정의는 데이터 분석과 예측의 기술적 신뢰성이었다. 예를 들면, 심박수, 칼로리 소모량 같은 생체 데이터를 정확히 측정하고 제공하는 것이었다. 이제 사용자들이 원하는 새로운 정확성의 정의는 기술적 신뢰성에 더해 개인의 맥락이나 심리적인 요구까지 반영한 맞춤형 경험을 제공하는 것이었다. 나의 운동 성향과 취향 등 자신에게 최적화된 서비스를 원하는 것이다.

두 번째로, 사용자들은 정확성의 접근 방식에 새로운 기대를 하고 있었다. 기존에는 결과 중심적이고 데이터 위주의 접근을 했다면 앞으로의 서비스는 데이터와 더불어 개인의 행동, 심리, 맥락을 반영한 경험 중심적 접근을 원했다. 즉, 과거에는 데이터에 기반해 최대 효율을 끌어낼 수 있는 때를 알려주었다면, 앞으로는 피트니스 운동 결과를 보여주면서 사용자가 이를 인지해 스스로 동기부여를 할 결과를 제공해주기를 원했다.

시간적 관점에서도 기존의 정확성과 차이가 있었다. 기존에는 과거 또는 현재 데이터를 기반으로 결과를 예측했다. 예를 들면, 장기간 어떤 효과가 있었는지 정확히 분석해 주는 것이었다. 앞으로는 미래를 예측하고 선제적으로 행동을 유도하는 방향이 더욱 필요할 것이다. 예를 들면, 운동을 안 하면 체지방이 얼마만큼 늘어날 것이라는 등 선제적으로 위험성과 이점을 미리 알려주는 것이다. 기존의 정확성은 과거와 실시간에 집중되어 있었다면, 앞으로는 과거와 현재에 기반해 미래 시각의 가능성을 보여주는 것이 중요하게 되었다. 시간적 관점의 차이는 결과의 표현 방식에서의 차이와 긴밀하게 연결되어 있다.

결과의 표현에서 기존에는 통계와 수치를 중심으로 결과를 제공했다. 앞으로는 사용자 행동을 유도할 실질적인 조언이 필요하다. 예를 들어, 오늘 목표 걸음 수까지 1000보가 남았다고 피드백을 보여주는 것이 아니라 퇴근 시간이라면 한 정거장 전에 내려서 오늘의 운동량을 채우라고 조언하는 것이다.

인공지능의 기술력을 바탕으로 신뢰를 형성했던 기존의 정확성에 대한 사용자 경험은 좀 더 인간적인 경험을 통해 신뢰를 형성할 수 있다고 생각된다. 사람처럼 공감이 가는 코칭을 기대한다.

앞으로의 도전 과제

정확성을 높이기 위한 도전 과제는 기술적, 윤리적, 사용자 경험의 관점에서 정확성을 높이기 위한 도전이 필요하다.

기술적으로는 결국 데이터 품질과 다양성의 확보가 중요하다. 다양한 인구 집단의 데이터를 수집하고, 센서 품질을 개선해 더욱 정밀한 데이터를 확보하는 것이 중요하다, 또한 운동 상황에서 수집되거나 관련 있는 데이터를 통합 분석하는 것이 중요하다. 심박수, 동작, 감정 상태 등 다양한 데이터를 통합해 분석하는 것은 어렵기 때문에 멀티 모달 머신 러닝 기술을 사용해 데이터를 통합적으로 분석하거나, 생리적 신호와 심리적 데이터 간의 상관관계를 해석할 수 있는 모델의 개발이 필요하다. 실시간 분석과 처리 속도를 개선하는 것도 필요하다. 실시간 데이터 처리 기술을 도입하고, 운동 자세 분석과 건강 데이터 융합을 위한 고성능 인공지능 모델을 구축하는 것이 중요할 것이다. 운동 피드백을 제공하기 위해 컴퓨터 비전 기술을 활용해 자세를 정확하게 분석하고 빅데이터와 통합해 예측하는 모델도 개발되어야 한다.

윤리적으로는, 인공지능 일반에서 해결해야 할 데이터 프라이버시나 편향성 문제가 피트니스 분야에서도 중요하고, 무엇보다 사용자 신뢰를 확보하는 것이 중요하다. 설명 가능한 인공지능(Explainable AI, XAI) 기술의 도입으로 인공지능이 제안한 결과의 근거를 사용자에게 제공하는 것이 중요하고, 피드백의 언어적, 시각적 표현을 직관적으로 개선해야 한다. 특히 인공지능 기반의 시스템에서, 제안은 산업 분야에 따라 차별적이다. 예를 들어, 음악 분야에서 오늘은 이 음악을 들어보라는 제안은 그것이 사용자에게 맞지 않아도 하등의 위험성이 없어 영향이 적지만, 건강 피트니스 분야에서의 제안은 사용자에게 직접적인 영향을 줄 수 있고, 인지된 위험성이 크다. 따라서 어떤 이유와 데이터로 사용자에게 제안을 했는지를 정확하게 보여주어야 신뢰를 확보할 수 있을 것이다.

사용자 경험 관점에서 생각해 보면, 개인화가 얼마나 정교하게 이뤄질 것인지, 동기부여와 상호작용의 수준이 어떠할 것인지, 지속적인 참여가 가능할 것인지가 앞으로의 도전 과제가 될 것이다. 피트니스는 다양한 사용자들이 활용하는 분야로, 초보자와 전문가, 상이한 운동 성향을 가진 사용자들에게 동일한 수준의 만족도를 제공하기에는 어려움이 있다. 따라서 각각의 사용자 성향과 목표에 따라 세분화된 코칭 스타일을 제공해 주어야 한다. 장기간 사용 데이터를 학습해 점진적으로 개인화 수준을 향상하는 것도 중요한데 이를 사용자에게 미리 인지시키는 것도 좋다. 예를 들어, 앞으로 1주일간 어떤 데이터를 주요하게 분석할 것이고, 향후 이를 어떤 분야에 활용하겠다고 말하는 것처럼 효과적인 운동은 과거나 현재뿐만 아니라 미래에 있음을 강조하는 것이 중요할 것이다. 물론 인공지능이 제공하는 피드백은 설득력이 부족하거나 사용자와 정서적 교감을 형성하지 못할 가능성이 클 수 있다. 인공지능 코칭에 공감 기반의 대화형 기술을 적용하거나 목표 도달 과정에서 사용자에게 긍정적인 피드백과 동기를 지속적으로 제공하면서 사용자의 지속적인 참여를 유도할 수 있을 것이다.

참고문헌

Liao, Q. V. et al.(2020). Questioning the AI: Informing design practices for explainable AI user experiences. *Proceedings of the 2020 CHI Conference on Human Factors in Computing Systems(CHI '20)*, pp.1-15. https://doi.org/10.1145/3313831.3376590

09
사회화

인공지능 서비스의 사회성은 인공지능이 정서적, 사회적으로 인간과 상호작용할 수 있는 능력을 의미한다. 피트니스에서는 코치나 트레이너의 역할을 해주는 시스템과 사용자 사이에서 일어나는 다양한 상호작용, 사용자 그룹 간의 상호작용 중재를 모두 의미한다. 피트니스는 행동 변화의 흐름을 꾸준하게 이끄는 것이 중요하기 때문에 사회화는 그 어떤 기능이나 역량보다 가장 중요한 인공지능의 역량이 될 것이다.

AI와 화장품?

인공지능 피트니스에서의 사회화

인공지능 피트니스 서비스에서 말하는 사회화는 사용자가 인공지능 기술을 활용해 시스템 혹은 다른 사용자들과 상호작용을 촉진하고 운동 및 건강 목표를 공유하거나 협력하면서 공감을 형성할 수 있도록 지원하는 과정을 의미한다. 피트니스 활동은 개인적인 차원을 넘어 사회적 경험으로 확장될 수 있는 핵심 요소이기에 사용자 참여를 강화하고 지속성을 높이는 것이 중요하다.

사회화는 사용자가 인공지능 기술을 활용해 시스템이나 다른 사용자들과 상호작용을 촉진하고, 관계를 형성하고, 강화하는 모든 과정이다. 누구와 상호작용을 하는가에 따라 크게 두 가지로 나눌 수 있다. 첫 번째는 인공지능 에이전트의 사회화다. 인공지능 에이전트는 코치나 동료처럼 사용자의 운동을 돕고 사용자 개인의 성향과 목표를 반영해 상호작용할 수 있다. 이때 사용자의 운동 스타일이나 목표를 학습해 대화를 나누고 사용자에게 동기를 부여할 수 있다. 운동 중이나 후에 운동 결과에 대한 피드백을 제공하고 격려하면 사용자들은 시스템 자체를 마치 사람이 중재하고 있는 것처럼 느낄 수 있다. 토널이나 펠러턴의 경우, 가상의 트레이너가 사용자를 대상으로 동기부여 멘트를 제공하고, 개인화된 메시

지로 코칭을 한다. 이에 따라 사용자들은 사회적 강화(Social Reinforcement)를 얻어 개인의 건강 행동 유지에 긍정적인 영향을 받게 된다. 펠러턴의 경우, 잘 하고 있는 사용자의 이름을 원격 코치가 불러주고 하이파이브라는 기능을 통해 칭찬을 제공한다. 이러한 감정적인 지지도 중요하지만 감정적인 지지가 효과를 가지려면 설명 가능하고 이해 가능한 피드백이 제공되어야 한다. 즉 사용자가 운동 데이터를 이해하고 자신의 발전을 체감할 수 있도록 설명하는 것이다. 핏비트는 일일 건강 점수를 제공한다. 사용자의 수면, 걸음 수, 심박수 데이터를 통합해 "오늘은 어제보다 10점 높은 건강 점수를 기록했어요!" 같은 피드백을 제공한다. 사용자가 데이터를 쉽게 이해할 수 있도록 점수화된 지표를 제공하기 때문에 성과를 체감하기 쉽고, 이는 건강 행동 지속으로 이어진다.

두 번째로, 인공지능 피트니스 서비스의 사회화는 시스템이 마치 중매자의 역할을 하면서 사용자 간의 사회적 상호작용을 돕는 것으로 정의할 수 있다. 인공지능이 사용자를 파악해 비슷한 목표나 관심사를 가진 다른 사용자를 매칭해 주거나, 리더보드나 그룹 챌린지 등을 통해 동기부여를 강화할 수 있다. 또한 사용자들이 운동 성과와 경험을 공유하도록 독려해 공동체를 형성할 수 있다. 스트라바는 사용자가 운동 데이터를 공유하고 친구들과 연결되도록 돕는 기능을 제공하는데, "이번 주 가장 많이 뛰기" 같은 도전 과제를 그룹 챌린지로 설정해 경쟁을 유도한다. 이러한 경쟁 요소는 나이키 런 클럽의 리더보드, 삼성 헬스의 투게더 기능 등 대부분의 피트니스 서비스에서 활용되고 있다. 이러한 경쟁 기반의 피트니스 경험은 사용자 개인의 성취를 강화하고, 이를 리더보드를 통해 비교하도록 설계한 서비스다. 흥미롭게도 과거 피트니스 서비스들이 단순하게 리더보드를 보여주면서 경쟁을 유도했다면 점차 서비스가 협력을 강조하면서 함께 공동 목표를 이뤄갈 수 있도록 하는 사회화의 형태를 띠고 있다. 스트라바(Strava)에서 제공하는 스트라바 클럽이나 스트라바 그룹의 경우 사용자들이 클럽을 만들어 그룹 활동을 조직하고 목표를 설정할 수 있다. 예를 들어 "이번 주 팀 전체가 500킬로미터를 달리자"는 목표를 만들고, 사용자가 참여해 데이터를 공유하고 목표를 달성하도록 하는 것이다. 마이 버추얼 미션(My Virtual Mission)의 경우, 사용자가 팀을 만들어 장거리 달리기, 걷기, 자전거 타기 등 특정 거리 목표를 공동으로 달성하도록 설계할 수 있는데, 앞서 스트라바 서비스처럼 "팀 전체가 1000킬로미터를 달성하자"는 목표를 설정하고, 각 사용자의 참여로 목표를 달성하는 것이다. 이처럼 그룹에서 공동의 목표를 달성하고, 성취를 공유하며, 대인 관계에서 사회화의 효과를 체감하는 서비스가 대부분이다. 그러나 몇몇 서비스에서는 공동의 목표를 위한 피트니스를 제안하기도 한다. 채러티 마일즈(Charity Miles)의 경우, 사용자가 걷거나 달린 거리에 따라 기부금을 생성한다. 협력하여 목표를 설정하거나 친구 그룹과 함께 활동하면 더 많은 기부가 이뤄지는 구조로, 개인의 건강 증진, 대인 관계 수준에서의 공동체 의식과 더불어 사회적 기여라는 공동 목표를 경험할 수 있는 서비스다. 이러한 사회화를 통해 사용자는 운동 목표 달성의 동기를 유지하고 서비스 이탈률을 줄이는 일거양득의 효과를 얻을 수 있다. 공동체 경험을 통해 단조로웠던 개인적인 루틴이 더욱 흥미롭게 느껴져 몰입도를 향상할 수 있고, 비슷한 목표를 가진 사용자들과 감정적 연결을 형성해 정서적 지원을 얻을 수 있다.

인공지능의 사회화에 대한 사용자의 기대

인공지능 피트니스의 사회화는 서비스가 제공하는 개인화 및 분석의 정확성에 비한다면 부가적인 성격으로 보일 수 있다. 그렇지만 기술적인 기반이 고도화되고 사용자의 감정적 지원이 가능해진다면 서비스 경험 자체가 고도화될 수 있다. 뿐만 아니라 사용자들은 향후 인공지능 기반 피트니스 서비스가 시스템과 맞춤형 상호작용을 고도화하고, 사회적 연결성을 강화해 운동의 지속성을 높이기를 기대하고 있었다.

사용자들은 인공지능이 사용자 개인의 성향에 맞는 소통 방식을 제공하고, 사용자가 원하는 스타일로 동기부여를 강화하기를 바라고 있었다. 예를 들면, "내가 힘이 들면 서비스가 친절하게 코칭을 해주고, 내가 나태해졌다고 생각되면 서비스가 호랑이 선생님처럼 코칭해서 정신이 번쩍 나게 해주면 좋겠다"는 인터뷰 내용이 있었다. 기존의 서비스는 상호작용의 스타일이 일반화되어 있고, 사용자가 시스템과 단방향으로 소통하거나 정보 제공을 받는 형태라면, 향후에는 인공지능이 사용자 개인의 맥락을 이해하고 소통에서 취향을 반영해 맞춤형 대화 및 상호작용을 제공하기를 바라는 것이다.

다른 사용자와의 연결을 통한 대인 관계 수준의 사회화에서도 기존의 서비스와는 차별화된 니즈가 있음을 발견했다. 사회적 연결의 경우, 기존에는 리더보드나 온라인 챌린지 등을 통해 커뮤니티와의 단순한 연결을 제공하는 것에 그쳤다면, 향후에는 비슷한 운동 목표나 성향을 가진 사용자들과 맞춤형 네트워킹을 만들어 주거나 다른 사람들의 운동 전략을 공유할 수 있게 해 경쟁은 물론 협력을 할 수 있게 해주기를 바라고 있었다. 이는 동기부여 방식에도 큰 차이를 가져올 것이다. 점수나 리더보드 등 단순한 수치 기반 경쟁이 아닌, 사용자의 감정적 공감과 동기를 반영한 심리적 동기부여가 가능해질 것이다. 이를 통해 오프라인 운동이 연계되는 등 실제 공동체적 경험까지 발현될 수 있을 것으로 보인다. 사회적인 수준이라고 해서 위의 예시처럼 적극적인 사회적 상호작용을 통해 서비스를 이용하지 않아도 된다. 공동체 내의 데이터를 분석해 그룹의 성공 사례에 기반해 더 나은 운동이나 건강 습관을 제공하는 등 사회화에 기반한 피드백을 제안하면서 개인적인 성장을 이뤄 나갈 수도 있다.

앞으로의 도전 과제

시스템과 사용자 사이의 사회화를 고도화하기 위해서는 사용자 개인 맞춤화 등이 이뤄져야 하고, 데이터 분석의 정확성이 이뤄져야 한다. 이는 앞선 장에서 언급했기 때문에 개인 수준이 아닌 대인 관계 수준에서의 사회화에 집중해 서술하고자 한다. 앞에서 언급했듯 현재 대부분의 피트니스 서비스는 리더보드를 통한 경쟁을 통해 사회화 기능을 제공한다. 그러나 더 다양한 사회화의 종류를 지원하고, 건강 행동 변화에 효과를 줄 수 있는 그룹을 선정해 매칭해 주는 등의 고도화 전략이 필요하다. 또한 사용자의 피트니스 데이터가 사회적 활동 데이터와 교차하기 때문에 이를 사회 정책적 수준에서 분석해 공동체의 건강 개선 방향을 제안할 수 있는 지표로 개발해야 할 것이다.

첫 번째로, 다양한 사회적 상호작용을 지원해야 한다. 현재 대부분의 피트니스 서비스는 리더보드를 활용한 경쟁 중심의 사회적 상호작용을 제공한다. 그러나 건강 행동 변화에는 협력적 상호작용이 더욱 효과적일 수 있다. 따라서 사용자들이 서로 협력하고 목표를 함께 달성할 수 있는 다양한 사회적 상호작용 방식을 제공해야 한다. 예를 들어, 그룹 활동이나 함께 운동하는 경험을 통해 사용자가 지속적인 동기를 얻을 수 있도록 하며, 각 사용자에게 맞춤형 그룹을 매칭해 주는 시스템이 필요하다. 이러한 방식은 건강 목표 달성을 위한 사회적 유대감을 형성하는 데 중요한 역할을 한다. 물론 경쟁을 지양해야하는 것은 아니다. 다만 인공지능이 리더보드와 경쟁적인 요소를 관리하고 각 사용자의 성과를 분석해 적절한 경쟁 수준을 유지할 수 있도록 할 수 있다. 예를 들어 사용자가 너무 높은 목표를 설정했을 때, 동기부여가 부족하거나 반대로 너무 낮은 목표는 지루함을 유발할 수 있기 때문이다.

두 번째로, 효과적인 중재자를 매칭해야 한다. 건강 행동 변화를 유도하는 중재자는 중요한 역할을 한다. 사용자의 피트니스 데이터와 사회적 활동 패턴을 분석해, 각 사용자에게 적합한 중재자를 매칭하는 것이 필요하다. 예를 들어, 어떤 사용자는 더 많은 동기부여를 위해 경쟁적인 요소를 선호할 수 있고, 다른 사용자는 협력적인 피드백을 통해 성과를 내기를 원할 수 있다. 인공지능 시스템은 사용자의 행동과 요구를 분석해 최적의 중재자와 상호작용을 유도해야 한다. 선행 연구에 의하면 운동 전, 중, 후에는 효과적인 중재자의 종류가 달랐는데, 운동 전에는 맞춤화 운동 계획을 제공할 수 있는 에이전트가 효과적이고, 운동 중에는 에이전트의 정확한 분석과 더불어 튜터나 전문가의 전문성 기반 피드백이 필요하다. 운동 후에는 자신의 성취를 알리고 결과를 체감할 수 있도록 친구나 앱 내 자신과 운동 목표가 비슷한 사용자들을 매치해 주는 것이 효과적이다(Lee & Lim, 2017).

이는 사용자에게 더 맞춤화된 경험을 제공하고, 건강 목표 달성에 중요한 역할을 한다. 인공지능은 사용자의 운동 결과 뿐 아니라 사회적 네트워크를 분석해 적합한 그룹이나 파트너를 추천할 수 있다.

세 번째로, 사회적 웰빙 지표를 개발하는 것이 큰 도전 과제가 될 것이다. 피트니스 서비스에서 중요한 도전 과제는 사회적 웰빙을 측정하고 이를 개선할 수 있는 지표를 개발하는 것이다. 단순히 개인의 피트니스 수준만을 평가하는 것이 아니라 사용자의 사회적 상호작용 패턴과 건강 행동 변화가 공동체 차원에서 어떻게 영향을 미치는지를 분석하는 지표가 필요하다. 이 지표는 사회적 상호작용이 개인뿐만 아니라 공동체의 건강 증진에 어떻게 기여하는지 평가할 수 있는 중요한 도구가 된다. 예를 들어, 피트니스 데이터를 활용해 사회적 활동이 얼마나 긍정적인 영향을 미쳤는지를 평가하는 지표를 개발하면 건강 정책 차원에서 공동체 건강 개선을 위한 중요한 데이터로 활용될 수 있다. 실제로 2024년 서울시는 삼성전자, 넛지 헬스케어와 협력해 '손목닥터 9988' 서비스를 고도화하기 위해 노력했다. 이 협력을 통해 스마트워치와 전용 앱을 활용한 건강관리 서비스를 강화하고 있으며, 이를 통해 서울형 스마트 헬스케어 모델을 국내

외로 확산할 계획이다. '손목닥터'에 참여한 서울 시민 120만 명의 축적된 건강 관련 빅데이터를 기반으로 인공지능이 사용자 개인의 신체 상태와 운동량 등에 맞는 맞춤형 건강관리 방법을 제시하도록 했다. 또 서울시에서 운영 중인 마음건강(블루터치) 검사 결과를 '손목닥터 9988' 앱을 통해 이용할 수 있도록 연동하고, 추가 개발을 통해 인공지능을 통한 정신건강 기록 분석 리포트 및 마음 건강 연계 서비스(명상, 음악)도 지원한다. 또한 서울시는 걷기 앱 '캐시워크' 개발사와 협력해 '손목닥터 9988' 앱 서비스를 개선하고 있으며, 삼성전자와 협력해 피트니스 밴드 '갤럭시 핏3'를 도입해 사용자들에게 더 나은 건강관리 경험을 제공하고 있다(전자신문, 2024). 이러한 협력을 통해 서울시는 시민들의 건강관리 혁신을 이뤄내고 있으며, 1000만 시민이 건강한 서울을 만들기 위해 노력하고 있다. 이러한 피트니스의 개인적인 효과를 사회적 수준까지 확장하기 위한 R&D가 기반된다면 보다 건강한 사회로 발전할 수 있을 것이다.

참고문헌

김명희(2024.7.23). 서울시-삼성전자-넛지헬스케어, '손목닥터 9988' 서비스 고도화 협력. ≪전자신문≫.

https://www.etnews.com/20240723000227
Lee, Y. & Lim, Y.(2017). Designing social interaction for health behavior change throughout the before, during, and after phases in health IT services. *Archives of Design Research*, 30(3), pp.29–41.

10
인공지능과 피트니스의 진화

인공지능이 범용화된 오늘날, 사용자들은 점차 인공지능 기능을 익숙하게 활용하고 있다. 인공지능 피트니스 서비스는 개인화, 정확성, 사회화라는 세 가지 축을 중심으로 기존과 다른 방향성을 가지고 진화해 사용자 경험을 향상시키고 건강 행동 변화를 유도할 것이다. 이제 기술적 · 사회적 한계를 극복하고 더욱 시너지를 낼 수 있는 기술 및 분야와 융합한다면 개인적인 수준의 피트니스 목표를 이루는 것을 넘어 사회적인 가치도 만족시킬 수 있을 것이다.

종교와 AI?

인공지능 피트니스의 현재와 가능성

건강과 피트니스는 더 이상 단순히 신체적 상태에 국한되지 않고 정신적, 사회적 안녕을 포함하는 포괄적인 개념으로 발전하고 있다. 공중 보건 관점에서 건강과 피트니스는 질병 예방과 관리뿐만 아니라 정신 건강 증진과 사회적 유대감 형성에서도 중요한 역할을 한다. 팬데믹 이후 비대면 피트니스의 수요가 급증하면서 디지털 피트니스 서비스가 새로운 방식으로 등장했다. 다양한 디지털 피트니스 중에서도 인공지능 기술을 활용해 피트니스 서비스가 진화되고 있는 추세다. 피트니스는 개인의 건강 행동 변화를 유도하고, 사회적 상호작용을 통해 공동체의 건강을 강화하는 수단으로 자리 잡았다.

피트니스 기술은 개인, 대인 관계, 지역 사회 및 정책 수준에서 건강 행동 변화를 지원한다. 개인 수준에서는 사용자의 건강 상태와 목표에 맞춘 동기 부여와 피드백을 제공한다. 대인 관계에서는 가족, 친구, 전문가와의 상호작용뿐만 아니라 소셜 미디어나 인공지능 에이전트를 통해 건강 행동에 긍정적인 영향을 미친다. 지역 사회 및 정책 수준에서는 커뮤니티 기반 프로그램과 공중 보건 캠페인이 피트니스의 확산을 지원한다. 행동 변화 이론에 따르면, 사람들은 행동 변화의 단계를 거치며 건강 행동을 습관화한다. 인공지능 기술은 이러한 과정을 개인화하고 효율적으로 지원할 수 있다.

인공지능은 의료 및 건강관리에서 혁신적인 변화를 이끌고 있다. 데이터 분석, 패턴 인식, 맞춤형 개입 설계 등 다양한 기술이 건강관리를 개인화하고 효율적으로 만든다. 피트니스 분야에서도 인공지능은 개인의 운동 데이터를 분석해 맞춤형 운동 계획을 설계하고, 자세를 교정하며, 운동 중 실시간 피드백을 제공한다. 인공지능 기반 피트니스 서비스의 핵심 기술을 살펴보자면 크게 컴퓨터 비전을 활용해 사용자의 운동 자세를 모니터링하고 교정하는 광학 문자 및 이미지 분석, 사용자의 건강 상태, 운동 목표, 운동 기록을 기반으로 맞춤형 피드백과 운동 프로그램을 제공하는 데이터 기반 개인화, 인공지능 에이전트가 코칭과 동기 부여 역할을 수행하며 사용자 경험을 강화하는 가상 트레이너 및 음성 피드백, 유사한 목표를 가진 사용자 간의 상호작용과 커뮤니티 형성을 지원하는 소셜 네트워킹 및 커뮤니티 기술이 있다.

팬데믹 이후 비대면 피트니스 서비스의 중요성이 부각되며, 모바일 애플리케이션과 스마트 디바이스가 중심이 되었다. 펠러턴, 토널, 미러(Mirror)와 같은 서비스 및 시스템은 맞춤형 피드백, 운동 데이터 분석, 그리고 실시간 상호작용을 통해 사용자 경험을 강화한다. 특히 온디바이스 AI 기술은 클라우드 의존성을 줄이고, 개인 정보 보호와 처리 속도를 개선해 피트니스 서비스의 효율성을 높이고 있다. 이는 사용자의 일상생활과 밀접하게 통합된 피트니스 경험을 제공한다. 이러한 기술 발전과 더불어 사용자들은 인공지능이 높은 수준의 개인화, 정확한 피드백, 그리고 정서적 · 사회적 교류를 제공할 것을 기대했지만 현재의 기술은 제한된 데이터와 일반화된 알고리즘으로 인해 개인화의 수준이 충분하지 않으며, 맥락적 이해가 부족했다. 예를 들어, 운동 강도나 빈도를 조정하거나 사용자의 감정 상태를 고려하는 기능이 미흡했고, 이것은 전체적인 피트니스 서비스 경험에 부정적인 영향을 미쳤다. 이처럼 사용자들은 기대와 현실 간의 간극을 느끼고, 사용자 경험 저하로 이어졌다.

그렇다면 어떤 전략을 통해 이 간극을 채우며 인공지능 피트니스 서비스를 디자인할 수 있을까? 첫째, 개인화는 사용자의 데이터를 분석해 맞춤형 피트니스 경험을 제공하는 인공지능 서비스의 핵심이다. 이는 사용자의 건강 상태, 운동 목표, 선호도 등 다양한 데이터를 기반으로 설계되며, 크게 데이터 분석, 맥락적 이해, 동적 학습의 세 가지 요소로 구성된다. 사용자는 인공지능이 제공하는 개인화가 자신의 실질적인 필요를 충족시키고 지속 가능한 방식으로 발전하기를 기대한다. 특히, 운동 상태를 실시간으로 파악해 적절한 운동 강도를 제안하거나, 장기적인 건강 목표에 부합하는 맞춤형 코칭을 제공하는 것이 중요하다. 둘째, 정확성은 인공지능 피트니스 서비스의 핵심 성공 요인 중 하나다. 사용자의 운동 데이터를 정확하게 분석하고, 이 데이터를 바탕으로 적절한 피드백을 제공하는 것이 중요하다. 이에 따라 센싱 기술이 발전되어야 하고, 데이터 기반 피드백이 이뤄져야 하며, 부족한 맥락적 설명을 위해 통합 데이터를 활용해야 한다. 정확성을 높이는 것은 사용자의 신뢰도를 강화하고, 인공지능 피트니스 서비스가 실제로 효과적인 도구로 자리 잡는 데 기여한다. 셋째, 사회화는 피트니스 경험을 단순히 개인적인 활동으로 제한하지 않고, 사회적 상호작용과 공동체의 지원을 통해 확장하는 전략이다. 개인적인 수준에서는 가상 트레이너와 연결을 통해, 대인 관계 수준에서는 소셜 네트워크와 피드백을 통해, 그리고 사회 정책적인 측면에서는 커뮤니티 형성을 통해서 사회화가 발전할 수 있을 것으로 보인다. 사회화는 사용자가 시스템에게 신뢰와 유대감을 느끼게 할 수 있어 서비스 사용의 지속성을 높일 수 있고, 이는 건강 행동 변화 유지로 이어질 수 있다.

인공지능은 피트니스 산업에 혁신적인 변화를 가져왔고 향후 발전에도 영향을 줄 것이다. 맞춤형 피드백, 데이터 기반 분석, 그리고 몰입형 사용자 경험은 현재의 도전 과제를 해결하며 새로운 가능성을 열어가고 있다. 이러한 기술은 개인의 건강 행동 변화뿐만 아니라, 전체적인 공중 보건 수준을 높이는 데 기여할 것이다.

인공지능 피트니스 서비스의 도전 과제

인공지능 피트니스 서비스는 기술적인 관점에서 해결해야 할 과제와 사회적인 관점에서 해결해야 할 과제가 존재한다.

인공지능 피트니스 서비스의 성공은 데이터 분석과 추천의 정확성에 달려 있다. 그러나 현재 기술은 데이터 품질과 알고리즘의 한계로 인해 부정확한 결과를 초래하는 경우가 있었다. 예를 들어, 운동 자세 분석이나 생체 데이터 측정에서 발생하는 오류는 사용자의 운동 목표 달성과 만족도를 저해할 수 있다. 더구나 인공지능을 인간과 비슷한 수준의 지능이라고 생각하는, 즉 인공지능에 대한 기대가 높은 대부분의 사용자는 전문적이고 신뢰할 만한 결과를 기대하기 때문에 정확성은 가장 중요한 도전과제 중 하나다. 피트니스 서비스는 다양한 디바이스(웨어러블 기기, 스마트폰 등)에서 데이터를 수집하지만, 이러한 데이터의 통합성과 품질이 부족한 경우 개인화된 피드백 제공이 어려워진다. 특히 사용자의 맥락(심리적 상태, 환경적 요인)을 반영하지 못하면 서비스의 효과가 제한적일 수 있다. 기술적인 발전이 우선되어야 하는 분야이기에 현재 모바일 환경에 맞게 다양한 기술과 기능이 고도화되었다. 이중 온디바이스 AI는 사용자의 개인정보를 보호하고 빠른 데이터 처리를 가능하게 하지만, 현재 기술은 복잡한 분석을 실시간으로 수행하는 데 제약이 있다. 이는 특히 운동 중 실시간 피드백을 제공해야 하는 피트니스 서비스에서 한계로 작용한다. 굳이 피트니스 분야가 아니더라도, 인공지능에서 일어날 수 있는 도전 과제도 존재한다. 알고리즘의 설계와 학습 과정에서 발생하는 편향은 특정 사용자 그룹에게 불공정한 결과를 초래할 수 있다. 예를 들어, 특정 연령대나 체형에만 최적화된 추천은 다른 사용자에게 부적절한 피드백을 제공할 수 있다. 또한, 민감한 개인 데이터를 다루는 과정에서 개인정보 보호와 윤리적 문제를 해결해야 한다.

사회적인 도전 과제는 사용자의 기대와 현실의 간극

을 줄이는 데 있다. 사용자는 인공지능 피트니스 서비스가 고도화된 개인화와 정교한 피드백을 제공하기를 기대하지만, 실제 서비스는 이러한 기대를 충족하지 못하는 경우가 많다. 제공되는 피드백이 지나치게 일반적이거나 사용자의 맥락을 제대로 반영하지 못할 때, 사용자는 실망감을 느낀다. 이러한 문제점이 해결되려면 사용자의 데이터가 인공지능이 인지할 수 있는 수준이 아니거나 데이터가 없는 콜드스타트(Cold Start) 문제를 해결해야 한다. 생성된 데이터를 넣어주거나, 사용자에게 시스템이 사용자 데이터를 학습하는 과정의 중요성을 조금 더 설명하는 과정이 필요할 것이다. 또한 인공지능 에이전트가 중재하고 있는 서비스이기에 인공지능 피트니스 서비스는 사회적 상호작용과 정서적 지원을 통해 사용자가 지속적으로 참여할 수 있도록 도와야 한다. 그러나 현재의 서비스는 사용자 간 상호작용이나 커뮤니티 형성을 충분히 지원하지 못하며, 가상 트레이너와의 정서적 유대감 형성도 미흡해 이를 해결해야 한다. 한편 디지털 격차로 인해 일부 사용자는 최신 인공지능 피트니스 서비스에 접근하지 못하고 있다. 또한, 특정 사용자 그룹의 요구에만 맞춘 서비스 설계는 다양한 사용자 층을 포용하지 못하는 결과를 초래할 수 있다. 이는 기술 활용의 공정성과 포용성을 저해하는 주요 문제다. 이러한 과제를 해결하기 위해서는 데이터 정확성 향상, 통합적 접근, 윤리적 설계, 그리고 사용자 경험 중심의 서비스 설계가 필수적이다.

인공지능 피트니스의 비전

인공지능 피트니스는 개인적인 수준, 대인 관계 수준, 그리고 지역 사회 및 정책 수준에서도 발전 가능성이 크고, 비전을 가지고 있다. 이를 바탕으로 인공지능 기술은 사용자 중심의 맞춤형 경험을 제공하고, 사회적 상호작용을 증진하며, 공공 건강 증진에 기여하는 중요한 역할을 할 수 있다.

개인적 수준에서 보자면 인공지능은 사용자의 건강 상태와 목표를 기반으로 최적화된 운동 계획과 피드백을 제공할 수 있고, 컴퓨터 비전 기술은 사용자가 운동하는 자세를 실시간으로 모니터링하고, 교정을 통해 부상을 예방하며 운동 효과를 극대화할 수 있기에 특히 홈 피트니스 환경에서 효과적으로 활용될 수 있다. 또 시스템이 사용자의 심리 상태를 이해하고 적절한 피드백과 격려를 제공함으로써 몰입감을 높이고 운동의 지속성을 높일 수 있다.

대인 관계 수준에서의 발전 가능성은 다음과 같다. 우선 시스템과 사용자 사이의 관계에서 보자면, 가상 트레이너와의 상호작용을 고도화하고, 정서적 지지를 제공해 동기부여를 제공하고, 건강 행동 변화를 유도할 수 있다. 시스템이 아닌 사용자 간의 상호작용을 생각해 보면, 인공지능은 유사한 목표나 관심사를 가진 사용자들을 연결해 피트니스 커뮤니티를 형성할 수 있어야 한다. 이를 통해 사용자는 동료 사용자와 데이터를 공유하거나 리더보드를 활용한 경쟁과 협력을 통해 운동 동기를 강화할 수 있다. 물론 협력적인 피트니스 목표를 통해 사용자 간의 유대감을 강화하고, 동시에 사회적 기여도 가능하다.

기존 인공지능 피트니스 서비스에서 해결하기 어려웠던 것이 바로 영향력의 확장이었다. 지역 사회 및 정책 수준에서 인공지능은 지역 사회의 건강 데이터를 통합 분석해 질병 예방 및 관리 전략을 설계할 수 있다. 이를 통해 공공 건강 캠페인을 더욱 효과적으로 운영할 수 있다. 예를 들어, 특정 지역의 건강 지표를 기반으로 맞춤형 운동 프로그램이나 예방 캠페인을 실행할 수 있다는 것이다. 물론 그 주체에는 정부와 공공 기관이 포함되어야 할 것이다. 인공지능이 제공하는 빅데이터 분석을 통해 건강 정책을 설계하면 지역 사회 혹은 국가의 건강 불평등을 줄이고, 보다 포괄적인 정책을 만드는 데 기여할 수 있다. 결론적으로 인공지능은 사용자 데이터를 기반으로 지역 사회의 참여를 유도하며, 지속 가능한 건강 행동 변화를 지원할 수 있다. 개인의 피트니스 활동은 인공지능의 적용을 통해 적합한 전략을 고도화한다면 지역 사회 전체의 건강 증진으로 연결하는 중요한 역할을 할 수 있을 것이다.

인공지능 피트니스 서비스는 단순한 기술적 도구를 넘어 건강한 사회를 만들어가는 데 기여할 수 있는 시작점이다. 개인의 웰빙을 넘어 공동체와 공중 보건에 이바지하는 혁신의 미래를 기대하며, 이 책을 읽는 여러분이 더 나은 건강과 삶의 방식을 실현하길 권장한다.

이여름

성신여자대학교 서비스디자인공학과 조교수다. 2018년 KAIST에서 산업디자인 박사 학위를 받았다. 네덜란드 델프트 공과대학교에서 석사 조인트 프로그램을 이수한 뒤 KAIST 산업디자인학과에서 석사 학위를 받았다. 성신여자대학교에 오기 전 삼성전자 디자인경영센터의 UX 센터에서 책임디자이너로 일하며 다양한 서비스와 제품 경험을 쌓았다(2018~2021). 삼성전자 디자인 멤버십의 교수 멘토, 특허청 디자인 열린 심사제도 전문가 등으로 활동하고 있으며, LG전자, 삼성전자, 사회적 기업 등 다양한 산학 연계를 통해 실무와 학문의 간극을 줄이기 위해 노력하고 있다. 『서비스·경험디자인 이론서』(2022) 집필에 참여했고, 다양한 국내외 학술지에 인공지능과 피트니스를 주요 내용으로 연구 활동을 이어가고 있으며 우수 논문으로 다수 선정되었다.